Un Pensador D-mente

Asdrúbal López Rodríguez

DEDICATORIA

Mi agradecimiento para Julia López, doctora en Psiquiatría, por su interés. No me lo comunicó con palabras, no era posible, pero sus pensamientos vinieron, danzaron, como olas, sobre un océano azul; lo hicieron hasta fluir dentro de mí; me lavaron los miedos. Las dudas y mi ego se disolvieron, volaron al olvido; se fueron y lo irresistible triunfó. De allí surge esta narración sencilla, pero sincera en todas sus dimensiones.

Gracias, doctora.

CONTENIDO

Un pensador D-mente.

Es la historia de un ser humano sin nombre conocido, que cometió un crimen por amor. Los hechos tuvieron lugar en un rincón de la soledad y del misterio; todo, en un mundo distinto de todos los otros mundos, pero a la luz de un fuego que no se apaga nunca.

EL SEÑOR D.

El señor D, como lo llamábamos quienes creíamos conocerlo, y digo creíamos porque allí había una gran confusión; otra vez hoy, salió de la noche, muy temprano, antes aún que el mismo sol y de la misma manera que lo hacen algunos inmigrantes: con su historia de pobreza pintada en la mochila y en el rostro una mueca de hambre vieja, pero ya hecha a las tortillas tiesas y al pan añejo de manos desconfiadas. No fue hoy la excepción; lo hizo, no hubo cambios visibles. Le hablaba a aquella población vegetal como si sus individuos pudieran comprender el dolor o la furia; hablaba a las cosas, a lo que fuera que encontrara en su andar; daba respuesta a preguntas que solo él escuchaba y les explicaba a sus amigos invisibles su actitud nueva, según él, dadas las circunstancias que ahora se le ocurrían despiadadas. Esta vez, decía, no sé nada, no sé cuál razón hay para que yo tenga que seguir encerrado en este cuerpo. Pero en eso, recordó que él nunca, salvo una vez, se había dado por derrotado, y aquello había tenido consecuencias terribles. No, no se doblegaría esta vez; no, jamás; todos los problemas tienen su solución, ¡claro!

Entonces, dejo atrás aquella amargura y siguió caminando; se detenía por momentos y miraba como repasando recuerdos; buscaba algo, no sabía qué, pero buscaba, siempre había pensado que quien busca…, así, de repente, una idea acudió en su auxilio y entró en el teatro de su otro yo, y en una acción inverosímil, sin parangón en su propia vida, ¡Ja! ¡ja!, se detuvo en aquel escenario, miró a lo lejos donde ya se encontraban los primeros rayos del sol. ¡Mhm!, entonces, se sintió tomado de la mano y comenzó a danzar alrededor de algo, alrededor de la nada; elevó las manos al cielo y su círculo se hizo más ancho; vio cómo el escenario se expandía y las arañas colgantes, en aquel techo de fantasía, daban a luz, se movían al ritmo del baile y tintineaban en su corazón. La magia lo embargó al punto que, con sus brazos instaba a sus compañeros a crecer también ellos en el éxtasis, a crear, a dulcificar sus corazones. Sabía que aquel que danzaba no era él, lo podía ver en el espejo de su alma, pero…, de nuevo alzó las manos y ofreció a un dios elegido en el ardor celeste, la maravilla de aquel parto de la nada. Cuando los cortinajes no resistieron el peso inmenso de las emociones, cayeron y dejaron al descubierto los murales, cuyos tigres de Bengala saltaron a su origen y los otros colores comenzaron, también, a perder la fuerza, la misma fuerza del señor D. Entonces, poco a poco, recogió del piso sus pensamientos, elogió a la creación y luego vio que la noche había llegado; luego, abrió el libro y cayó vencido junto al amor. Pero, más tarde, con la noche vino aquel misterioso canto que le ponía la piel de gallina y le quitaba el sueño. ¡Oh! ¡Dios mío…! ¡El pájaro negro…! Fue entonces, cuando decidí no continuar el relato mientras no acabe el suspenso. Escúchenlo a él. Volveré porque yo soy…

…No sé lo que ha dicho Lara, pero tienes que saber que, aunque mi memoria a veces se desliza y se llena de ruidos, logra siempre ir en busca de respuestas y aun cuando sean pedazos de un pasado opacado, tal vez por años de silencio, logra su cometido. Aunque tampoco puedo negar que hay un misterio que no pude ubicar nunca en el tiempo y que siempre se atraviesa en mis sueños, sin dejar nada más que sus huellas.

Tienes que saber, también, lo de mi lenguaje: ha sido construido aquí, en medio de la soledad, por lo que es, seguramente, un poco tosco y... ¿quién sabe?, espero que pueda ser entendido.

Creo que desde que nací he escuchado esta selva y conozco sus secretos; sé leer su poesía, que es eterna, pero, sobre todo, sé que cada metro de paz que hay en sus entrañas guarda también una historia de cambios y un lenguaje cósmico de misterios insondables. Al principio, aquellos misterios me tuvieron en el vacío de las dudas, pero con el tiempo se han ido metiendo en mi sangre y cada una de mis células vive de su fragancia, como el lirio de la montaña.

Fue así como una tarde, después de la lluvia, venía yo por este sendero y allá junto al río, sentí, de repente, la llama fugaz de una flor en mis ojos, como un fuego en la nieve, talvez una luz en mi mente. Sentí los colores en fuga con la ternura del sol. Quizá un pensamiento de Dios o el espíritu de la tierra en el estado de su completo autodesarrollo. No lo sé. Para mí, fue nada más que el encanto de una flor. Volví la mirada hacia otro lado, pero me quedó un vacío en el alma. ¿Cómo podría seguir siendo sin ella? Sería otra mi vida, tendría que guardarla por siempre aquí dentro. Me acerqué con cautela, la palpé con cariño en sus pétalos y la atraje hacia mí. Su perfume inundó mi conciencia y un sueño se alojó en mis pensamientos. La corté. Y desde aquel día la he guardado aquí, frente al fogón de la llama que baila, cuya luz salpica en su "piel" la dulzura. La he amado en silencio, y como nunca se marchita, le abriré para siempre un espacio en el cielo.

Son las cosas, Cristy, que se guardan por siempre en una esquinita del alma y que no se despintan jamás.

Y ahora puedes ver también estas paredes de capulín, entre las que se cuelan, a veces, esperanzas y luciérnagas que el viento, con sus ráfagas traicioneras, no puede llevarse. Los años y las décadas se han detenido aquí para quedarse y respirar este amor. Pero, Cristy, ¿estará bien que te narre todo esto? ¡Claro que sí! ¡Por supuesto!, yo también lo necesito; pues no me guardaré nada y comenzaré por decirte que siempre te he hablado, aun mucho antes de conocerte, mi soledad no habría resistido nunca tanto tiempo; creo que fue una magnífica idea. Debes perdonármelo, creo. Pero, ¿dónde está la flor? ¡Ah, la flor! Lo sabrás un día, de esos caros que tiene la vida. Lo sabrás. Pero mira, quiero advertirte antes de continuar, que iremos por aquí, por este sendero que nos ha tocado transitar, haciendo acopio de los recuerdos, como también de los hechos que así, de repente, se van presentando en nuestro diario vivir. Por eso, debes saber desde ya, que habrá brincos y saltos, como piedras en el camino, que esto que hoy comienzas a escribir, marcará por siempre nuestra vida, y que si me inclino en algún paso, es porque algo se ha reflejado en mi alma.

Sí. Sí, estás en lo cierto, debes repasar el subtítulo y digerirlo bien. Así podrás elegir tu propia búsqueda. ¡Excelente idea!

Pues, mira que un día como hoy, de rosas y de espinas, me encontré de pronto con la realidad desnuda. Fueron, de verdad, momentos en que, talvez, alguna luz alumbró mi corazón.

Había yo puesto un rumbo a mi vida, pero algo transparente y misterioso me hacía transitar por un camino diferente. Con el tiempo, aprendí que siempre daría mis primeros pasos hacia una meta pensada y que luego, algo se cruzaría en mi camino, llevándome tarde o temprano hacia lo inesperado y, en algunas ocasiones, hacia lo desconocido.

Supe un día, por el decir de los años, que la causa de mi dolor no eran los caminos, que era más bien mi andar desrumbado y torcido. ¿Y fue un sueño, Cristy, como talvez diría Freud?   No. Fue un golpe de buena suerte, un golpetazo en el alma.

Esta vez estuve a punto de llamar "doctora" a Cristy, por su comportamiento, por su posición en la sala; su misma actitud me convenció de que sería mejor esperar; para verdades, aquí, el tiempo.

Lo he dicho ya: este relato gira, no tiene ni principio ni final; es como una ruleta muda que no comienza ni acaba nunca; es todo lo que puede esperarse y también el espíritu de la nada. Soy poseedor de un gen; no sé si para bien o para mal, que me trae por los insondables mares de Hemingway. Esto hace que mis pensamientos giren y sus polos se atraigan dentro de mí, para hacer del final un comienzo, y crear, de lo que soy, un Punto Cero. Un círculo que trasciende el infinito; es ignorancia filosófica aplicada en el arte de vivir; es igual a cualquier otro sistema filosófico, pero trascendente y cósmico. En algún instante de mi vida, la conciencia de pensar y ser, me indujo a lanzar el as de espadas, antes de pronunciar mi discurso sobre Descartes y encendió mi foquito de las dudas. ¿Sería, talvez, un simbolismo consciente o más bien conciencia pura? Cuando me encuentro ante estos hechos insólitos, me es difícil distinguir entre una metáfora y una noche de naipes, pues, en cualquier caso, miro tras ello, el ropaje blanco de los fantasmas.

Pero, cuando levanto la cabeza y miro en mi espejo el rostro de la preocupación, no puedo explicármelo. Sé que algunas veces es razonable la cuestión, pero en la mayoría de las ocasiones, es simplemente por el hecho de no conocer la naturaleza de la realidad, por arrastrar prejuicios y paradigmas inventados o ya gastados en la fuerza de las creencias. ¿O será más bien que esos monstruos me arrastran? Esto es tener ya listas las respuestas para lo que jamás nos hemos cuestionado. Dice Lara que esto es algo muy similar a aquello que hacen algunos representantes de los pueblos, entiéndase diputados, si es que así puede entenderse mejor, que andan bajo el brazo, con todo y sus inconfundibles aromas, un problema para cada solución. Dice que lo más estúpido que hemos inventado los seres humanos es pensar que torciéndolas, podemos esquivar o cambiar las realidades. Porque en el silencio de la noche, si uno mete los pies bajo la mesa y escucha lo que dicen sobre la mala suerte de los gatos muertos, entonces, la luz se apaga y no hay Dios que alcance ni santo en vacaciones para que nos quite el susto.

Pero no nos pongamos tristes, pensemos como si de verdad fuéramos seres humanos de primera y no les causemos a los demás el daño que no queremos para nosotros. Estuve pensando si nada más esto sería suficiente; ¡claro que no!, pero ¡qué belleza sería, si tan solo eso hiciéramos! Hagamos inventario y veremos la deuda inmensa que llevamos en el alma. Y es que a veces hacemos alguna cosa bien por aquí con una mano, mientras la otra se nos mancha por allá. Pero bien, cada quien con su escoba. ¿Por qué todo esto?, ¿a qué viene? Pues, es solo para ir marcando huella en el camino; así sabremos por dónde ir para alcanzar la paz y el gozo eternos. Está allí para quien quiera, pero, sobre todo, porque así sabremos algún día cómo es Él y qué hace.

La divinidad no tiene preferencias por nada ni por nadie, créalo yo o no. ¿Por qué tendríamos que cambiar algo, si creemos que ha sido hecho por un supremo hacedor? Y si pensamos de otro modo, pues ¡qué bien!, porque, entonces, usted y yo tendremos posibilidades de hacer algo con el lenguaje, que es el que nos hace prisioneros. El verbo nos ha traído lo bueno, lo malo y hasta lo feo; nos ha corroído la existencia. Es el lenguaje lo que nos ha hecho falsos; nos hemos construido o más bien hemos sido hechos a puros golpes de ocurrencia o a ritmo de pájaro asustado. El ego, parte consciente de la personalidad, es una máscara traidora; pero ¿sabe qué?, también es inevitable, ¿o no? La máscara puede ser de santidad o diabólica; pero a veces también puede parecer un chiste cruel: como aquello de inaugurar algo que todavía está en un futuro incierto; sin embargo, y tengo que confesarlo, estos sucesos me han enseñado a ver que no hay nada imposible. De cualquier modo, será siempre máscara, llena de engañifas y de falsedades, porque la realidad la llevamos dentro y, a menudo, no nos damos cuenta, creemos en lo que decimos que somos; mi ego es el depósito de lo soñado: mi casa, mi coche, lo mío y lo tuyo que es mío, todo lo que será, todo está fuera de nosotros, ¿o no? Es un yo al que se le caen la pintura y las ilusiones como las babas al tonto. Pero esto del lenguaje iremos viéndolo poco a poco, sobre el tejido, conforme va creciendo mi lengua larga. Ya veremos.

Repito, al transitar por estas páginas descubriremos muchas

cosas no imaginadas nunca antes. Pero, posiblemente, lo que llamará más nuestra atención sea "la muerte", porque con ella se ha jugado, se ha hecho negocio, del oscuro, por cierto. Esta patraña también se irá destapando al recorrer estas páginas.

¡Y esto! No inquirí nunca nada, pero mientras le narraba estas cosas a Cristy, pensaba y dejaba que el silencio ocupara su espacio. También, imaginé cosas como; ¿por qué Cristy cargaba algunos útiles, como libros de Lacan y de Freud, lo mismo que otros materiales sobre algunos extraños asuntos? ¿Para qué? Intenté leer algo, pero no me fue posible sacar nada en claro. Aquella máscara de Cristy era inescrutable; sin embargo, me hizo recordar un hecho que había permanecido gris en mi memoria: y es que un día hablé, con el entusiasmo que da el ver a otros seres humanos aquí, casi en la nada, una muchedumbre increíble, de por lo menos dos personas. Sí, sí, ya lo sé, dos personas no son una muchedumbre, pero aquí, donde nunca hay nadie, ¿cómo crees que se ven?; me veía yo en el espejo y me preguntaba: ¿habrías imaginado algo así? ¡Por supuesto que no! Mi entusiasmo se sostuvo casi con violencia y dije en dirección a ellos, todo lo que sabía de historia y de literatura. Fueron minutos de gloria, por aquello de engordar mi ego, eso fue, creo yo lo que me hizo daño, pues los lastimé por suponerlos ignorantes. Entre otras cosas, les dije que siempre estuve al tanto de que Abraham Lincoln había sido solo un invento, pues mi amigo Sancho me tuvo bien informado sobre las andanzas de don Quijote, quien sostuvo, por esos años, el gobierno en Washington. Esto, por supuesto para apartar de la cabeza la realidad de los hechos, verdadero motivo de mis angustias. Después supe que sí, que fue un invento, pero de Sancho, el gordito del bote, quien me ayudaba de vez en cuando a cruzar el río allá abajo, por el valle de las serpientes, y a quien yo suponía mi amigo. Ellos lo tomaron a mal, por lo menos por allí iba mi esperanza. Allí fue donde nació mi deseo terrible de leer y leer sin descanso. Todavía siento el sabor de la tristeza, algo se me cayó allí y tendría que saber lo que era. Debo tener mucho cuidado con lo que le digo a Cristy, pensé, pues aquellos hechos los uní al trabajo que ella hacía, y ello me hace todavía despertar a deshoras con pensamientos vestidos de blanco o soñando con las bestias aquellas ¿las recuerdan? Y, si a eso le agregamos el crimen que se sospechaba y se sigue todavía a la distancia con la seguridad de que estaré cometiéndolo en un futuro no muy lejano, o cuando se dijo que será atroz, con premeditación y otros adornos.

PUNTO CERO.

Entonces, mi sistema filosófico, simbolizado por el Punto Cero, se vuelve contra mí y me hace sentir perdido en el tiempo. Sin embargo, no tengo que dejar de lado el hecho real de que ese es el camino que debo recorrer, o no llegaré jamás a mi destino, que es precisamente encontrarme a mí mismo, descubrirme y así poder ayudar a otros, que así lo deseen, a no temer nunca nada. Por ello, salí una vez más por el camino equivocado, en busca de las profundidades de mi conciencia; pensaba que talvez allí cabría algo, como la retórica de un hábil político, cualquiera que fuese; entonces, podría fácilmente disfrazar los hechos y salir bien librado. Pero, ahora se ha presentado una situación mucho más difícil, pues tendría que confesar este hecho tan triste de que alguien terminará sus días por mi culpa, por mi propia mano, nada más, y no será precisamente a otro con pantalones de pecador, sino más bien a quien dirige todos los pensamientos de la creación. Y esto, sin dejar de ser un obstáculo más en mi camino, ya no me permitiría ser el creador. Es la verdad y solo la verdad la que deja huella para siempre.

Por ello, cuando Cristy regresó, encontró dentro de mí las respuestas requeridas y una disposición total de mi parte de afrontar las consecuencias. Bueno, es que no quedaba ni una ventana para lanzarme, no había alternativa alguna. En la inteligencia superior no hay espacio para engañifas de ninguna especie, como no sea uno mismo quien cae en la trampa.

Quedé sabido de que solamente Cristy podría, talvez, ayudarme.

Entonces allí, bajo el enorme árbol de quizarrá, me puse a pensar, porque cada cosa en esta vida hay que pensarla, pues un error podría ser fatal. Luego, esperé.

Un crimen.

___Sí, Cristy, sabemos que en la mayoría de las novelas hay crímenes; pero también sabemos que casi siempre han sido construidos a la medida, y siempre se busca al culpable después de haberlo cometido, como es lógico, no antes. En este caso, pareciera que el culpable ya fue establecido, y ese soy yo; lo que hace falta es el crimen. ¿No te parece muy extraño todo esto? Y es que debe haber algo de cierto y algo de falso, pues está siendo investigado por un genio en el análisis de estos hechos. Así que tendrás que ayudarme, aunque todavía no sé cómo. Debes saber ya, que en mi cabeza a veces se mete el caos y mis ideas se deslizan sin causa y sin orden aparentes. Sabes, también, que he descubierto un camino al más allá. Pero al cielo, Cristy, solo puedes llevar amor, no hay otro pasaporte. He cometido lo que parece ser un crimen, Cristy: le arranqué la vida a alguien que tú conoces, por lo menos eso es lo que se respira en el ambiente, debes esperar, tener paciencia, hasta que terminemos esto. Y te lo dije: sacaré todo lo que hay en mi corazón y verás también el amor.

Se dice que ha sido un crimen cometido por una mente fuera de toda razón: la mía; toda esa muchedumbre verde que ves allí lo sabe, es terrible. La diferencia, Cristy, la diferencia es lo que hace al Ser; es lo que identifica la cosa. Y esa diferencia es lo que andan buscando, lo sé. Un ¡Oh..., no!, se escuchó en la sombra.

___Sí, sí, sí, así están las cosas. Creo conocer las circunstancias en que se han producido las cosas y el entorno, pero no alcanzo a comprender nada más; me miro las manos y no encuentro nada. No soy capaz de escribir un poema que lastime el alma de un pensamiento. Sí, sí la tiene, si no, ¿cómo podría materializarse?

La verdad es que estoy muy confundido, pienso que un día

cualquiera todo se aclarará y será nada más que un triste recuerdo, tendré que estar muy atento, eso sí.

Tendré que buscar dentro de mí la razón, el lado bueno para poder perdonarme. Ya el jarrón está quebrado, está roto, ahora habré de recoger los pedazos hasta armarlo de nuevo. A veces, Cristy, cuando despierto, no sé quién soy y después no sé si será verdad. Mientras tanto, dormiré con un ojo en otro mundo. Y no me recuerdes, por favor, Cristy, a ese maldito pájaro negro, que es otra incógnita por resolver, si queremos vivir en paz. Esos cantos, Cristy, ¿qué nos están diciendo? Que María, la madre de todos los pensamientos, me señale el camino y me valga. Nunca pensé, Cristy, que en medio de esta historia iba a surgir semejante contratiempo. Creo que mi conciencia nunca se percató de lo que estaba ocurriendo en medio de un destape del amor encerrado por tanto tiempo en mi corazón. Y no es que me entregue vencido ante los pétalos de una rosa; es que esta cosa tiene espinas de verdad.

Esta es la razón, Cristy, por la que a veces se me sube la amargura y me pongo a pensar.

Una noche, cuando los fantasmas se fueron, me puse a reflexionar sobre el problema de la filosofía pero, eso sí, en relación con el Punto Cero, puesto que es por allí donde van las vueltas que da la vida. Y la sorpresa fue mayúscula, pues miré que, contrario a lo que dice Dilthey, en este caso específico, la filosofía y también la metafilosofía, sí logran cerrar en una totalidad acabada. Es que la redondez perfecta de lo que es el Punto Cero encierra un sistema filosófico puro y completo, un universo filosófico. No tiene escape alguno, es una metáfora. Yo qué sé. Esto, Cristy, quedará despejado cuando venga la luz que nos lleva a la infinitud de la creación de María, la que ha creado todas las cosas. No hay más allá, ni más acá, es un campo del amor. Eso sí, si nos ponemos a darle vueltas, no encontraremos jamás la salida, pero esto, con todo respeto lo digo, no sería un problema de la filosofía, sino más bien un problema psiquiátrico. A la crítica se le da la bienvenida, por supuesto, porque si no…

Así las cosas, si has comenzado a leer este documento de la vida, quizá puedas disfrutarlo sin cruzar la frontera. Ojalá. Ya lo comprenderás.

Mientras tanto, yo lucho conmigo mismo, mi conciencia se revuelve, tengo que pensar. ¡Mi madre…, sí! ¿Pero, cuándo? Y yo que hablaba del rostro de la preocupación. ¡Qué cosas tiene la vida!

Nace Lara.

¿Acaso, alcanzar a ser lo que somos no es ya un nacer a la vida eterna? ¿Será posible que subamos al tren de la muerte sin saber quiénes somos en realidad?

La vida, el amor y el conocerse a sí mismo son una y la misma cosa, constituyen el Ser, el yo real, o si a usted más le agrada, el Dios.

El Ser no es una posesión, es solo el conocimiento de uno mismo. Es lo que somos. Por ello, sigo con cuidado este camino de perlas y de imágenes que me han dado luz para alcanzar algunos conocimientos, nunca sospechados por mí, sobre la eternidad de la vida.

A quienes adolecen de lo mismo que yo, les diría que hagan lo que yo, hagan de sus visiones el amor. Así como podemos ver el diablo en nuestro vecino, dejemos ir las aves, que vuelen sobre la majestad de la tierra, que ellas nos agreguen en sus aventuras, como en aquel planeta de la galaxia desconocida donde las drogas no son como la manzana de Eva. Son libres, no causan pecado, pasan sin que pase nada; nadie pelea por ellas; no son más negocio que el maní garapiñado; no hay cárcel ni gente matándose por desesperación; se cultivan lo mismo en los basureros municipales que en el jardín de su casa; a nadie le interesa que la juventud aprenda a consumirlas. ¿Para qué, si no son negocio? Todo es cuestión de derribar algunos paradigmas o pasar a la sala de los pensamientos, dejando, previamente, los prejuicios en algún rincón de la cochera, si es que no nos gustan los basureros. ¡Claro!, también hay poderosos con ansia de más, quienes saben que combatiendo su tráfico, la encarecen, la hacen costosa como el oro, y algunos hasta se dan el lujo de eliminar a quienes compiten con sus socios abriéndoles así, a estos, el camino; he ahí el arte de hacer dinero. Es una belleza, allí está; es el arte de hacer dinero. ¡Ah!, Mamita, Madre, ¿por qué lo permites? Las manzanas son deliciosas, pero nadie se condena por comer una, a menos, eso sí, que el mismo Dios lo prohíba.

A propósito, en un país lejano, una vez, un hombre inteligente descubrió que las patatas eran un excelente alimento y quiso que otros las comieran, pero luchó sin lograrlo, así que un día se le ocurrió prohibir el ingreso del cultivo. Así fue como logró que el mundo empezara a consumir las benditas patatas. ¿Lo vio? ¡Claro!, ¡por supuesto!

__Pero, Cristy, cuando uno aquí ve este techo de paja con las huellas de tantos años de silencio, solo puede recordar y volver sobre el camino viejo. A veces, siento y escucho en el pensamiento, las melodías que Beethoven creó para bendición de todo ser inteligente; sin olvidar que también Mendelssohn y otros son culpables. Y allá, bajo la sombra oscura de aquel árbol de quizarrá, un día comprendí que podía soñar, que podía soñar "El sueño de una noche de verano" y también una danza con Miguel Arcángel, Judith y ángeles y hadas, en este escenario verde que es mi vida y que me transporta a la paz del cielo. Un gozo que llevo dentro y que siempre estará allí, detrás de mis silencios.

Pero estos mismos silencios fueron testigos cuando, por primera vez, vi un cadáver; nunca supe cuál era mi edad, pero me impresionó muchísimo; pues a Maroto lo había visto el día anterior montado en su caballo; pasó por aquí muy alegre, me saludó con mano en alto y una sonrisa bajo el sombrero. Pasé una noche inexplicable. Había café y bocadillos con el amor de quienes venían de lejos por los montes; pero, ¿por qué sucedían estas cosas tan amargas y tan feas?

Por el hueco que dejaron las dos tablas, tomadas para ajustar el empaque de aquel cadáver, entraba un frío procedente de la oscuridad de la noche. No pude comer nada ni cerrar los ojos. Afuera, resoplaban los caballos enredados en los matojos donde sus dueños los ataron con el fin de que no se alejaran. Ya a la medianoche había cerca de treinta personas. Adentro, las mujeres rezaban entre lloros y velas encendidas. Pedían al Señor por el alma de Maroto.

En un apartado piso de tierra, dos lámparas de carburo alumbraban a los hombres que, sentados o casi de rodillas en el suelo, jugaban a las cartas y comentaban las valientes actuaciones de aquel hombre cuando domaba los caballos matreros y de muy mala sangre que producía la inmensa y despoblada zona.

__Tenía mucho que dar todavía, decía uno, __será difícil encontrar otro igual.

Mientras tanto, en la mente las preguntas se acumulaban. Por ello, en cuanto encontré un instante de silencio, dejé caer en voz alta el pensamiento: ¿Por qué a ese hombre se le fue el alma y no respira? El instante se alargó hasta que alguien se volvió y, dirigiéndose a mí, dijo:

__No lo entenderás, pues no eres más que un niño.

No dijo niño, pero eso era lo que significaban sus palabras. Otro lanzó al montón el rey de espadas y viéndome a los ojos dijo:

La muerte

__Es la muerte que a veces llega cuando no se espera.

Deseaba saber algo más, pero no me fue posible formular otras preguntas, puesto que estaba apretando los dientes para no temblar.

A aquella casita se la tragó el tiempo, ya no existe, murió; pero los seis o siete kilómetros que la separaban de aquí fueron para mí la vuelta al mundo por un caminito de espanto.

Empecé a sospechar del búho que dormía aquí sobre el caballete de paja; las preguntas no me dejaban dormir, comía de pie por si tenía que correr y en la oscuridad de la noche muchas muertes rondaban. Para más condimentos en la sopa, una noche leía aquí, tal como estoy ahora, alumbrado por una lámpara de gas, cuando una serpiente venenosa, llamada, según el Diablo, tamagá. Dicen que con la luz se enojan y lo creo porque aquella traía una cara del demonio. Cometí el error de que, para evitar su enojo, soplé y apagué la luz, quedé en tinieblas, como a esta hora; inmóvil y pensando pasé la noche. ¿Sería más bien la muerte la que venía reptando? Esa noche, por primera vez, me acerqué a Dios, pero qué Dios más endiablado. ¿Cómo pudo hacerme aquello? Amanecí desgraciado, pero contento y sacudiendo esto con el alma. Estuve pensando entregarme a la muerte sin oponer resistencia pero la oportunidad nunca llegó. Aunque sí llegaron otras cosas: una serie de hechos que pusieron a prueba mi espíritu, se dieron uno detrás de otro. La cosa comenzó por algo menudo, de muy poca monta, pero poco a poco se me fue revolviendo el alma.

Era uno de esos días débiles, de tristezas en las puertas, zarandeado sin piedad por el aburrimiento y la soledad, con la tarde anunciando lluvias sin sentir compasión de nada. Uno se queda con la compañía de la amargura, esperando solamente que salgan los fantasmas. Y es que por las tardes, cuando la luz se va como amor que termina entre los astillones de capulín, uno se siente vencido, acabado. Porque cuando se está solo en medio de la inmensidad, sin normas de ninguna especie, sin ley, ¿quién le dice a uno: "¡No!, ¡no!, deténgase allí. Lo hiciste bien, o mal, o algo?" Nadie. Es triste. Iba a soltar la madre..., pero no; saqué unos instantes para no pensar y me volví hacia la puerta, al tiempo que un perro se detenía en el umbral; sus ojos suplicantes y su nariz seca me conmovieron. Le di en el guacal la última leche que había. La consumió con presteza y después puso las patas juntas hacia delante, las orejas hacia atrás con la cabeza a ras del suelo, gruñó con lágrimas de perro y su mirada me decía gracias. En mi soledad, una cosa así era como para ponerse a meditar profundamente y olvidar otras. Por algo será que a veces los protectores de animales se olvidan de los humanos, que por cierto también tenemos uñas.

Era un perro más o menos de clase media baja, como yo, pero humilde y de buen comportamiento; según se miraba, así, a primera vista; su color era negro, un poco desteñido, estatura mediana y mediana edad, sabía de los desprecios como nadie, pues, cuando tomaba yo la escoba, se iba como alma bendita pa'l Infierno; sin embargo, una mancha naranja que llevaba en la frente le daba cierta distinción. El tiempo le dio la confianza de hasta echarse aquí junto al fogón. Entonces, sentí que me daba algún apoyo, en especial por las noches, talvez la muerte tomara distancia. Nunca fui amigo de los perros, pero aquel poco a poco fue tomando la plaza, hasta llegar a dominar algunos puntos. Cuando la soledad me acosaba, él estaba allí para oír mis lamentos, mientras lamía mis manos con una lengua llena de compasión, un perruno cariño había nacido.

Cuando me encontraba entre las espinas de la vida, salía con un leño o la escoba y, aunque nunca di en el blanco, puesto que era negro y se quitaba con facilidad pasmosa, seguramente con aquellas actuaciones mías, él restaba puntos a nuestra amistad. Su tranquilidad total me sacaba del camino recto y me hacía desempolvar mi lenguaje más bajo, que por cierto, dominaba a la perfección. Como olvidaba los nombres con los que lo bautizaba, los últimos días lo llamé: Amigo; él daba tres vueltas, se echaba con las orejas hacia atrás y, acto seguido, se levantaba ladrando con ojos indefinidos.

Un día se fue por ese camino solo, detrás del viento. Sentado en la hojarasca lo llamé, le grité maldiciones y mis pensamientos lo buscaban en algún tramo de la selva; en verdad lo sentí para siempre.

Pienso que los cinco meses que estuvo aquí fueron el producto de su agradecimiento por la atención que le di cuando tenía hambre, pero él sabía que este no era su destino y cuando supo que había saldado su deuda conmigo siguió por el camino.

Aprendí de él que podía hablar al cielo, que el amor está allí a la espera de ser encarnado, que es infinito.

Después de aquellos días de canina locura, tuve algunos otros baches, pero antes me fui al panteón para hablar con mi madre; necesitaba, al igual que ahora, desvelar y manifestar los sentimientos que había guardado en mí por mucho tiempo y lo hice, impactado todavía por la nueva ausencia. Mi corazón se serenó y pude hablar abiertamente con ella. Le entregué las flores en medio de su sonrisa y me dio una vez más su bendición. Le conté lo de Atenea y lo de Maroto;

quedó con sus pensamientos en paz. Y pensar que debo volver a verla con un paño para lágrimas y una humildad que no conozco. La soledad me ha vuelto loco, ¿qué le diré?

Aunque me recostaba aquí como ahora y me ponía a calcular el papel que se tiraba o se archivaba para siempre en las oficinas públicas solo para justificar su inútil existencia. Pero, pensándolo mejor, ahora la tecnología disminuye el desperdicio del papel y los empleos son una manera de distribuir la riqueza o de nivelar la pobreza, así que esto mejor no tocarlo. A menos, ¡claro!, que solo lo haga para echar mi mente en la cotidianidad de la nada, en el tiempo perdido. Talvez, también, con estas cosas alivio un poco el peso inmenso del deseo.

__Bueno, sí, Cristy, de muchas cosas, no lo tomes a mal. Puedes imaginarlo, en una circunstancia así, no existía el ridículo, ni antes, ni ahora tampoco. Así fue como un día, ese tronco que puedes ver allí, cuyo follaje parece coronarlo, bien podía convertirse en mi amigo y confidente. Claro que no sacaría mis deseos, pero sería la multitud y acabaría escuchando mis discursos.

__Cristy, amiga mía, tendré que decírtelo: fue una idea de genio, porque los acontecimientos que se presentaron de inmediato no podrían calificarse de normales en ninguna circunstancia y no los referiría, si no fueras tú quien está ahí en el puesto de psicoanalista, pues sé que sabrás aquilatar una situación así, sin tener que dudar por un instante de mi sinceridad y buena memoria.

__Pero antes, __doctora Cristy__, un discurso que no deseo despreciar. Fue Lara quien lo pronunció, lo dijo a los cuatro vientos, yo me hacía pequeño aunque no había nadie más escuchándolo. Creo que se refería a esa pasión del hombre por andar buscando lo que nunca perdió. Espero lo entiendas porque yo..., no sé. Fue un día de esos en que las ardillas reparten su tiempo entre comer y saltar con la frescura de la mañana, como si la humanidad no estuviera ocupada en sus propios pensamientos. Pues Lara se levantó encendido y hablando, dando recomendaciones a los terrícolas; entre otras cosas dijo:

__Estaría muy bien que cada hombre __no sé porqué no incluyó a la mujer__, antes de salir en persecución de la felicidad, pudiera tomarse un espacio para disfrutarla. Debería __dijo con ínfulas de sabelotodo__ analizar lo que hace el perro__, esto me pareció muy extraño pero lo dijo__, que se levanta y rápido sale al aire, ladra, manda una señal a las raíces de la vida, olfatea tranquilo el espacio con miradas de perdonavientos. Lo estúpido viene después, cuando da unas vueltas persiguiendo su propia cola y al final se echa a reflexionar en las moscas. Porque viéndolo bien __dijo, y esto si me dio mucha pena, pero una vez más lo dijo: __El hombre buscando la felicidad fuera de sí, no es más inteligente que el perro buscando su cola__ Creo que es una barbaridad la comparación, pero así lo dijo. Y muy a la distancia, pienso que andaba rozando una realidad cotidiana. Pienso, bueno, porque a mí me parece que siempre hay que pensar, pero repito que pienso que Lara, aquel día, también deseaba perder un poco de su tiempo. Dos cosas de las que no dijo Lara aquel día echaron por la borda mi autoestima: una, ¿por qué no incluyó a la mujer?, ¿qué le debería yo?, ¿acaso veía en mí un poquito de animalidad? Y cerró diciendo,… ¡no!, ¡no!, lo que dijo al final sobre quienes andamos por el mundo buscando la felicidad no se puede repetir aquí. Por dicha, por lo menos, por aquel día, su vela se apagó.

Y así mi corazón volvió a palpitar en el valle de la tranquilidad. El lenguaje, Cristy, la manera de comunicar los pensamientos, a veces se convierte en cuchillo para su propia desgracia. Por ello, amo el robledal.

Porque sucede que, cuando uno va marcando el paso por la vida, que es el camino sobre la alfombra o talvez bajo ella, que es la conciencia; no sabe nunca, por ser tan corta la visión de futuro, hacia dónde, en realidad, se mueve y mucho menos cuál será su destino. Y así, por esas cosas mismas que de la vida, no sabemos de dónde venimos, pues, entonces, tampoco sabremos si es agua o chocolate.

Pues resulta que, después de mi primer discurso, ellos se fueron.

__¿Quiénes?__

La pregunta me tomó por sorpresa pues se suponía que Cristy solo escuchaba y tomaba notas. Ellos, las multitudes, los verdes follajes se fueron. No dijeron "Adiós", se fueron. Solo había el olor del viento, la soledad arrasaba las horas, el camino de nadie con sus remolinos de hojas secas estaba lleno de silencio. Volví otra vez al tronco, cuyas ramas estaban ahora llenas de símbolos indescifrables; poseían el tiempo detenido. Fui hacia él, por si encontraba explicación alguna. Allí, miré cómo los ladrones saltaban los muros, cómo sus lanzas surcaban el espacio en busca de los perros enardecidos. No faltaron los gritos inútiles. Las escobas barrían la sangre sin tregua, y en el restaurante la gente bebía la cerveza entre risas. Reían del caos y de la facilidad con que algunos noticiarios y comentaristas de la televisión y la radio resolvían los problemas del mundo. Entonces, aprovechando el bostezo, cogí la pala y la cal viva con el silencio de la nieve y en su blancura derretí las llamas. Los ladrones huyeron, los perros guardaron las armas con sus uniformes y las jarras con cerveza cayeron ebrias; sus rancios olores se fueron en busca de "Lo que el viento se llevó".

Iba a derramar mi lenguaje soez sobre la tierra, reclamaría a las montañas su impasible silencio y mis maldiciones tomarían el camino del cielo, pero, de pronto, me detuve con el alma en la mano, quedé vacío de maldades, mi mente se perdió con ellas, como se pierden las garzas cuando acaba la temporada. Entré en mi choza, aquí, de astillones de capulín. Aquí estaba el amor, tenía el olor de unos ojos del color de la noche, con sus estrellas fugaces y unos labios de miel.

En algún lugar del planeta, un reloj, quizá, marcaría las horas; pero aquí, desde este fogón solo saltaban pedacitos de luz marcando las decisiones fugaces del viento y una nostalgia sin límite acababa siendo invadida por el dolor.

Por eso, un amanecer cualquiera, un lunes, quizá, salí caminando con el sentimiento de que ya no llegaría a ninguna parte, pero llegué a la laguna sin alcanzar más que pura ilusión y pura esperanza. Sentado en la gamba de un árbol, me puse a respirar profundo y a tragar soledad. De repente, sin aviso ni nada, un pelotón de soldados disparó contra mí y allí mismo quedé muerto.

Unas avecillas, que al ruido de las armas se lanzaron a volar en círculo, volvieron cada una a su ramita, luego se enzarzaron en un diálogo de semillas, pequeños frutos y miradas laterales. Las migas que caían alrededor de mi cuerpo o sobre él eran perseguidas por unas hormigas que, en equipo, trabajaban sin descanso y sabían muy bien hacia dónde debían dirigirse. Yo, que también flotaba, era como un pensamiento, como el agua que corre al vacío de la tierra; sentía que el dolor no era posible dentro de mí y que la eternidad era mi conciencia, ya no podía morir. Solo transitaba, recorría el camino del amor hasta alcanzar el mundo sutil de la existencia pura y eterna, el gozo en la presencia de la Diosa María, Madre y única inteligencia creadora. Volaría nada más como la avecilla, como...

Veía mi cuerpo, literalmente, bañado en sangre; los soldados me daban vueltas con sus botas como buscando mi identidad; creo que no era a mí a quien debían liquidar; pero ya estaba hecho, sin embargo, sentía una paz absoluta, como nunca, y ni siquiera me cuestioné nada. Todo me pareció de lo más natural. Llegué a sentir que habitaba en el campo del amor aun cuando no podía imaginar la razón. Aunque pasaba por mi mente que, talvez, este hecho tenía relación con el supuesto crimen cometido por mí, pero lo descarté, aquello no tenía pies ni cabeza.

Cuando volví, estaba sentado en el mismo lugar; busqué, pero no encontré la sangre ni mucho menos a los soldados; mis heridas no estaban. Solo estaba seguro de no haberme dormido, no tenía duda de haber sentido las balas. Tampoco tenía duda sobre el lugar; no obstante, me pareció que había cambios, aunque muy sutiles. Me volví hacia el lago y unos metros más abajo, por entre unos matojos, veía el borde del agua cuya superficie se arrugaba de tanto en tanto con la acción del viento, quebrando también las nubes, que se deslizaban bajo su transparencia. De pronto, me di cuenta de que todo ocurría dentro de mí, que era yo el observado y el observador. La situación no me era del todo extraña, cuando mis pensamientos se adentraban en el mundo natural de las selvas y los ríos. De allí, me sacaron aquellos pajarillos, pues volaron con sus cantos dejando mi silencio y poco a poco su ausencia se esparció por mis ojos hasta caer de nuevo en el agua azuleja. Me miré en su profundidad y volvió aquel amor, ahora con los pies en la tierra. Mi diálogo interior se iba deslizando, se iba haciendo dulce. No sabía cómo, pero creo que había crecido. Por fin, tragué la situación vivida, pero el misterio se me hincó en el alma.

A mi regreso, ya la noche estaba aquí y solo había sonrisas del fogón con su llamita bailadora.

La meditación se apoderó de mi cabeza y algunos olvidos salieron con sus detalles. … ¡tan claros!, que tuve la sensación de volver a vivirlos. El crimen que estaba cometiendo o que tal vez ya había sido cometido por mí, saltaba sin piedad sobre mi conciencia.

Li Po.

__Pero, Cristy, hagamos un paréntesis aquí, ¿por qué nada me cuadra en esta vida, no sé lo que me está sucediendo? De pronto, son cosas muy bellas y acto seguido se me viene encima un pasado que no comprendo, que no puedo situar en el tiempo. Muy dentro de mí hay algo que me dice que estos recuerdos me vienen mezclados, como si mi vida viniera de más lejos en el tiempo, ¿puedes creerlo? Investiga, por favor, en qué tiempo vivió Li Po, quien según mis recuerdos fue un poeta y filósofo chino, fue mi amigo y sigue siéndolo. Quiero ir poco a poco, pero con paso firme, hasta poner orden en mi mente; por favor, ayúdame en esto, que el no haber tenido la costumbre de usar mi mente, que por cierto es la misma tuya, y la misma también de Dios, hace de mí una víctima inocente. Repito que nunca, en el pasado, tuve la costumbre de usar la mente por lo menos en un buen porcentaje de su potencial; ello me ha traído, por lo menos a ratos, el caos. Es un misterio que tendré que destejer si no quiero ir a dar con mis huesos al sanatorio, junto a los otros locos. Por ello __Cristy__ es que debemos asegurarnos de que este documento no caiga en manos de alguien a quien le guste la lectura ¿Te imaginas lo que podría suceder? ¡Ja!, ¡ja!, y jamás se te ocurra contar, por nada del mundo, la situación tan horrible en que nos ha metido el canto ese del pájaro negro, quizá solo por creer en cosas que…

Aunque ya sabes que, por no ser bautizado, tampoco tengo nombre que me identifique y solo soy el que soy o más bien no soy. Por ello, nadie podrá referirse a mí, así, como ese tal…, además, si he estado tanto tiempo viendo las garzas que vienen y se van con el mensaje que quizá traían para mí, una vez más, mis sueños se van sin que yo pueda entenderlos. A veces, más bien, miro aquellas garzas con la nostalgia de quien ha volado a través del silencio, de quien ama el infinito. ¿De dónde vendrán y cuál será su destino?, ¿qué importa que no puedan entenderme, si nadie sabe de dónde vengo? Ni yo. Pero uno siempre lleva adentro un algo que lo acusa, que no lo deja disfrutar por completo de la vida. Y ahí volvemos, como las mulas, al pedazo de dulce, a los paradigmas, a las supersticiones y al qué dirán. A veces creo que he crecido y, de repente, caigo de nuevo en el abismo, en el fondo del Punto Cero. Mi debilidad me arrastra, me lleva al comienzo, al piso.

__Por eso, Cristy, cuando llueve, como ahora, me pongo a recordar aquella flor cuya intensidad me sobrecoge y me devuelve la pasión de la juventud.

…Sí. Sí, pero no fue solamente una flor, fue también una luz, una luz que siempre está ahí esperándome, que nunca me abandona.

__Y quisiera decirte mucho más, Cristy, pero ¿cómo hacerlo cuando en cada uno de sus pétalos he encontrado el misterio del amor?

Creo que esta noche la pasaré allí, bajo el árbol de quizarrá, escuchando a Mendelssohn, ¡claro!, o a otro de los maestros de la música, que cuando viene de los grandes, purifica las entrañas de la mente. Hablaré con el viento y seré parte del Uno, de Dios. A veces, Cristy, la distancia es solo un paso, es un paso que se da desde uno mismo y en el interior de uno mismo; es solamente volverse hacia su propio ser. El campo del amor no está lejos.

Segunda vez que conocí a Lara.

Se presentó con su guitarra y los pies descalzos,

mientras, le arrancaba una canción

y alegraba mis sentimientos. Pero callaba luego...,

dejando en el aire las notas primas que se iban con mi aliento.

Las cuerdas, tensas, ¡en alerta!, esperaban nuevas rimas,

que no llegaban nunca.

Mientras, en su rostro...,

la sonrisa se hacía más ancha.

No hubo modo ni manera:

Él disfrutaba el silencio de su guitarra.

Su filosofía,

desde todo punto de vista admirable,

pues, con una mirada bajo el ala de su sombrero,

lanzaba al viento sus pensamientos

y esperaba, guitarra en mano,

el eco de su canción.

Después vino, rápido, junto a mí y me dijo:

__ No dejes ir tus pensamientos que, junto a los míos, harán de nosotros los pasajeros del más allá__, y levantando su mano en dirección al cielo, abanicó, caminó un poco y cruzó hacia la nada.

Poco después, recordé que me había dejado con la boca abierta, entonces; con disimulo la cerré, aunque, estaba claro, nadie podría verme.

__¡Otra vez! ¿Te das cuenta?

Pero ya dije que mis recuerdos saltaban a la vista, no me engañó. Sí. Sí, me refiero a Lara, por supuesto. La primera vez que lo conocí, pasaba cotidianamente por aquí, con estúpido rostro; no hablaba, cargaba siempre una rama, un tronco seco; y cruzaba la frontera pidiendo, por señales casi de humo, los cigarrillos que los guardias de ambos lados le obsequiaban junto con unas sonrisas de comprensión o de: ¿qué tonto eres?; entonces él, se iba sin pestañear. Un día que chocamos le pregunté por qué cargaba aquel leño tan pesado. Se limpió las babas como pudo con las mangas de la camisa y dándole un palmetazo al leño, me dijo:

__No papito, el leño no es tan pesado, lo pesado lo lleva dentro.

Pensé en el colmo de su inocencia. Pero, después se supo que ante los ojos de la policía antidrogas había pasado, poco a poco, un cargamento; y que un tal Lara era buscado. Había en mi mente otras preguntas para él, pero seguirían allí hasta otra oportunidad. De verdad que a ese Lara había que mirarlo y ponerse a pensar.

Después de uno de aquellos discursos míos, casi cotidianos, ambientalistas, por la verde concurrencia, sin qué ni para qué, a mitad del día, vino a verme mi tío Rubén. Su visita causó en mí un cambio fundamental, pues toda mi mental estructura, que había forjado por años para digerir y entender las cosas, acabó como los informes de algunas instituciones del Estado, en nada y en la nada…, pues sí, las facturas y las cuentas de gastos sí, pero son no más que las huellas del tiempo perdido.

Y es que si, por esas suertes de la vida, alguien, algún día, buscara en los archivos, solo encontraría la tristeza.

Pues, resulta que a mi tío Rubén hacía tiempo no lo veía; aunque lo estimaba mucho, a lo lejos, pues siempre que le era posible me enviaba uno o varios ejemplares de la revista "Selecciones" o de "Bohemia"; esta última, primero cubana y venezolana después, hasta morir, creo que el virus que la mató, sí a la revista, como que no murió.

Está vivito aún. ¿Quién sabe?

El caso fue que cuando terminé el discurso, di la vuelta y me topé con mi tío, estaba enrollando la cuerda en el anzuelo, mi mente voló al río, los peces, la pesca. Pero primero iría el abrazo con el cariño de tanto tiempo. En él había una sonrisa linda, como el amor. Di el primer paso con ilusión, pero él giró y como en un sueño, cruzó una puerta invisible, quedó la nada.

Me vine al fogón, porque si algo tenía claro era que el hambre estaba comiéndome; los primeros bocados trajeron a mi mente, ¡Sí, claro! Mi tío había muerto varios meses atrás. Esto me puso a pensar, una vez más, en las palabras de Lara.

De todos modos y a pesar de lo complejo del asunto, yo encontraba que, de alguna manera, estaba descubriendo algo no pensado nunca antes, como una conexión, un contacto con el más allá; una puerta que me llevaría a un conocimiento. Según un pájaro madrugador, Kant sentía el orgullo de haber descubierto en el hombre una nueva facultad: la de formular juicios sintéticos a priori. Pues, mira: ¿cómo es que con mi lógica ignorancia podría decir, atando cabos, que "Lo sospeché de previo"? Esta facultad la descubrí un día en mi espejito del alma.

Y he aquí que el espejo de la vida es un metalenguaje, son contorsiones del pensamiento. Cuando el mago levanta una ceja, desvela la maravilla de un cuento o cuando San Juan baja el dedo, concede un deseo.

__¿Te das cuenta?, Cristy, cómo en el lenguaje se van hasta los dioses, pero es que los dioses no son más que pensamientos; pensamientos de María o de Maryam, si así lo prefieres. Fue esta la razón por la que Einstein, no pudo nunca, mientras habitaba esta tierra, conocer los designios de Dios. Él, Dios, no tiene designios ni pensamientos, él mismo es un pensamiento o ¿quién sabe?, talvez sea, más bien, un campo de energía, el mismo del amor; esto también lo iremos despejando a lo largo de estas páginas. La madre, María, es la que piensa, ella es el poder infinito no más. ¿Cómo, que quién soy yo?

Pues no soy nadie, soy como la nada, pero con uñas.

__Lo siento, Cristy, olvido, a veces, mis pecados.

El tiempo siguió hacia lo desconocido y entre tanto, solo pensé en no pensar. Y creo que lo logré, porque un día me encontré caminando río arriba, muy distraído, hasta pegar con el farallón, donde la selva descansa un poco, para seguir luego hacia el oeste. Al llegar, encontré al mago que, sentado, no escribía, ni pensaba sobre el fuego del amor. La felicidad mía empezó a salirme por los poros y ni lo pensé; llegué frente a él. Me saludó con una ceja, la levantó con alegría, pues me había conocido de cuando yo salía a caminar, allá, por los bordes entre Escocia e Irlanda. Para no hacerlo perder el tiempo, puesto que lo necesitaba para no pensar, improvisé una pregunta:

__¿Cómo hace usted para no pensar?

__No pienso.

__Sí, sí, pero, ¿qué debo hacer yo para no pensar?

__No piense__ me dijo. Intenté decirle otra cosa pero mi lengua no se movió; entonces, el mago, me miró, casi con tristeza y agregó:

__Es todo, lo siento.

Me senté, por allí, a pensar nada, y de verdad que cuando la tarde ya caía tras el farallón, me volví para ver a lo lejos. El volcán estaba triste porque ya la luz de la tarde apenas alumbraba su sombrero.

No entiendo nada, me dije, pero me puse a caminar. Creo que lo hice en la dirección equivocada, sin pensamiento alguno, porque cuando volví en mí, me encontré luchando contra todos los reptiles del mundo; fue una lucha terrible, sin tregua, las horas pasaban, mientras el sol se había detenido sobre el agua del río. Y las horas se hicieron cada vez más largas, hasta que con los chasquidos de las grandes piedras y la lucha tenaz en el río, hicimos calentar el agua, tanto que se iba haciendo incompatible con la vida y el aire se puso tan raro que, entre todos, poco a poco, fuimos venciendo a los bichos aquellos, hasta que pude huir sano y salvo. Quedaron el caos y la tristeza de los pájaros.

Entonces, el cansancio se apoderó de mí, no quise morir, aunque el destino se presentaba más confuso que nunca, me animaba el querer seguir siendo. Por ello, al regreso, pasé por la bananera, ya que también el hambre me acechaba como lagarto en ayunas. Comí lo que el desdén de los pajarillos había dejado intacto y, de paso, lancé al cerdo algunos saldos mal olientes. Y cuando empecé a sentir un poquito de calor en mis piernas, acabé de venir. Aquí en mi cama, bien o mal, soy un soñador.

El día después quise ver el desastre del río, salí con el viento a mi favor, llevaba un poquito de temor en mis zapatos, pero la curiosidad se impuso. Cuando puse mis pies sobre el Valle de las Serpientes, todo estaba en absoluto orden y mi sorpresa fue tal, que no pude ver cómo Merlín, el mago, caminaba tranquilo, cruzaba el río sobre el puente de fuego; se detuvo un momento al salir y tras mirarme, dirigió unas palabras hacia mí, las cuales, dijo, me "servirían en futuras ocasiones en cualquier esquina de mí vivir". Traté de digerirlas antes de que el olvido las arrastrara cual hoja al viento. Se lo agradecí con mi corazón sincero. Él levantó una ceja y se fue.

Aún sin controlar la algarabía en mi sangre, decidí regresar; no cabía dentro de mí la alegría que había en la montaña y en el aire había dudas pero, en mi estómago, un cosquilleo me ponía a soñar. De los follajes en la selva, se desprendía el sabor de la esperanza; aligeré el paso y miré cómo caían los pedacitos de sol sobre las hojas muertas del camino. Un despertar se acercaba, lo sentía en el ardor de mi alma. Los años, cuando son muchos, le hablan a uno al oído.

Antes de alcanzar la puerta sin puerta, de esta mi chocita, me detuve, tragué saliva y escuché el palpitar de mi corazón: ¡Nada!, mi corazón me había engañado una vez más, no había nadie esperándome, como si mi deseo no existiera; hasta el mismo silencio parecía haberse ausentado.

__No tienes idea, Cristy, me sentí, como montado en una rueda: un momento arriba, con el cielo de fondo y al siguiente arrastrado por el fondo del fango. Y es que así se había pintado una buena parte de mi vida. Y sigue la montaña azul. No quería aceptar que yo mismo me engañaba. Entré retorciendo los trapos. Otra vez en el olvido, de nuevo en el silencio de las ardillas, ¿hasta cuándo? ¡Mis ojos! Había humo en el fogón, no pude evitarlo. No ardían mis sueños, no daban a luz…, coseché una lágrima. Me puse aquí, desconsolado y me dormí, hasta el sol de otra tarde…

Me despertaron los traqueteos de un pájaro carpintero en un tronco ya muerto, como preludio, quizá, de algo inesperado.

Cuando ya no había espacio para más tiempo, todo dentro de mí estaba a punto de reventar, un demonio se cruzaba cada vez más cerca de mis pensamientos, casi como un amigo, quizá como mi salvador. La noche empezaba con sus ojos de cielo, derramaba luz sobre el techo de la montaña cuando, de repente, la miré…

Hija de Zeus.

¡Hija de Zeus! Su belleza no era conocida por aquí. Venía decidida…, dejó la flauta sobre la leña, pero entró y colocó aquí, junto a la pared, su piano, se puso cómoda, como una diosa y sus manos volaron con la armonía, a través de la nada, a través de todas las cosas.

No sería necesario que lo dijera, pero lo haré: de música como de física cuántica, sé de su existencia a duras penas. Por ello, trataré de comunicar el fenómeno, lo visto y sentido, de la única manera que me es posible: a base de muecas no burlescas o de súplicas con mucha esperanza. ¡Ojalá me sea posible!

Los movimientos vibratorios emitidos desde aquel instrumento, por la voluntad de quien lo ejecutaba, eran, supongo, de una intensidad no comparable con nada que yo hubiera imaginado jamás. Sentí que todas las células de mi cuerpo vibraban también al unísono y me libraban de todo mal, que me sanaban del cuerpo y hasta del alma, sentí la paz; pero eso fue, de lejos, lo que menos me impresionó. La belleza del sonido en aquellas ondas musicales hacía vibrar también la nada, o lo que yo había supuesto como la nada. La mayoría de nosotros, alguna vez, hemos hecho vibrar una cuerda, hasta no poder verla, aunque solo sea por unos instantes. Pues, en este caso, el fenómeno se da, pero a la inversa; conforme se propagaban las vibraciones, se iba desvelando un mundo nunca visto. Es un mundo sutil, de paz, que se propaga dentro de quien lo siente. La visión de aquel mundo lo hunde a uno en un gozo total.

Antes, he hablado de una puerta invisible, como la que, aparentemente, cruzó mi tío Rubén o mi amigo Lara, pues la diferencia es que estas ondas musicales abrieron, por momentos, de par en par, aquellas puertas, dejando ver más allá de la nada, otro mundo. Y aquí sí utilizaré uno de esos adjetivos, que me han parecido tontos. ¿Por qué no me gustan?, no lo sé, pero los utilizo, únicamente, cuando me quedo ciego de palabras. Es un mundo maravilloso al que, seguramente, volveremos caminando sobre estas páginas o cabalgando un pensamiento de la diosa María.

Invadido hasta los huesos por la emoción, olvidé a la musa ejecutora, hasta el punto en que levantó en cólera. Vino, me tomó del cuello y luego de colgarme por una oreja, de ese clavo que puedes ver allí, rió con ardor. Acto seguido, se fue con la música en su alado caballo, en dirección de las estrellas. Fue una humillación solo comparable con la que podrían hacerte a ti, cuando después de restarte de tu salario, por veinte o más años, la cuota del seguro social, y luego, un agosto, cualquiera, acudes al hospital correspondiente para demandar atención, ya que te sientes morir, entonces, después de horas en la fila, te dan una cita para el veintiséis de diciembre, a las cuatro de la tarde. ¿Te parece que estarías feliz?

Bueno: pues me dolió mucho la oreja, pero también la actitud de aquella clásica diva ¿Cómo podía yo saber aquellas cosas tan extrañas, cuando jamás había imaginado nunca algo así?

Si no hubiese sido porque Lara llegó de inmediato y me liberó, no sé, talvez, me habría secado allí para los tiempos, o para alimentar algún ave de rapiña. Pero estos hechos me pusieron a pensar, en serio, sobre algunos paradigmas que ya, de por sí, me parecían fuera de toda razón. Por cierto, Lara, entre uno y otro de mis pensamientos, desapareció y me dejó preguntándome: ¿en qué mundo se desenvolvería? Pero ya sabía yo que Lara siempre andaba con una sorpresa bajo el brazo, era parte de su modo de estar muerto.

La verdad, cuando me pongo a ver este techo de paja, con sus colgantes de murciélagos, surgen algunos sentimientos. Son sentimientos que han estado, allí, en lo más profundo de mi existencia; hay, en ellos, un amor incomprensible, de muy vieja data. No es fácil, el tiempo se le confunde a uno hasta no poder localizar el momento de cada cosa, de cada hecho; es como si estuviera viviendo dos o más vidas a la vez y mi serenidad se quiebra, no puedo evitarlo. Pero, algo muy extraño sucede en mí y me dice que no importa, que todo está bien.

_En fin, Cristy, ya sabes cuánto he trabajado en esta búsqueda de eso que llaman Dios, sobre todo, en saber quién es y para qué sirve. Pienso que, quizá, un día cualquiera, sacará un momento para ocuparse de nosotros los humanos. ¿Que para qué quiero encontrarlo? Bueno creo que quien haya sido el que nos creó, debió de haber tenido mucho más cuidado, ¿no te parece? Cristy, ¡no!, ¡no!, no me da miedo; dicen que es un ser magnífico y magnánimo. Entonces, ¿por qué temerlo? Y si fuera como lo dice la Biblia: "Que no quedará piedra sobre piedra, y por otro lado: que más te valdrá no haber nacido". Pues, ¡qué remedio!

Li Po.

No sé dónde habrá nacido, ¿en qué mundo?, como consecuencia de su muerte allá; pero la amistad no muere nunca. Li Po fue, y sigue siéndolo, uno de mis más preciados amigos, era taoísta su espíritu, y yo no sé lo que era mi espíritu, pero muchas veces compartimos la botella.

Ahora que me pongo a pensar en ello, siento que me voy a lo

más profundo de mis dudas. El tiempo me juega al escondido; espero que, algún día, el mismo tiempo me saque de este caos. De todas maneras, el poeta chino, Li Po, hace mucho que está en algún rincón de mi vivir.

De él:

"¡Oh!, déjeme seguir las olas, donde quiera que me lleven", o

"Sin meta vagabundeo siguiendo las gaviotas blancas".

Con unas copas de más y sus versos, uno se va a vagar, y la libertad se vuelve alado caballo, el que lleva a donde tus pensamientos no llegan. Y podrás venerar, en su Quinta del Cielo, el vino de Dios.

"El poema terminado, río, mi deleite es

más vasto que el océano.

Si la fama y las riquezas pudieran durar para siempre

el río Han fluiría hacia el noroeste volviendo a su fuente".

Po vivió: de la Dinastía Tang, cien al norte, por la colina, al fondo del callejón sin salida. Amaba las colinas, y yo también, son lugares donde el mismo cielo se esconde.

Cuando saco de mí estos recuerdos, me invade una bárbara nostalgia.

__Cristy, sé bien que esto debí habértelo advertido hace rato, pero bien, lo hago ahora. No me gusta el chiquichiqui ni las pendejadas, pues es que en esta historia que vamos escribiendo, hay sentimientos que también son de amor y esas cosas, pero no te equivoques. ¿De acuerdo? No quiero que...

Debes saber que soy una persona definida y sin trabas burocráticas ¿Comprendes lo que he querido decirte? Muy bien. Entonces podemos continuar.

¿Puedes imaginar dónde fue sepultado Po? Bueno, pues en la colina junto a la balada Pi Pa, propiedad de un amigo suyo; así lo había pedido él. Y los árboles estaban allí también, uno a uno, con su copa verde, llorando lágrimas de abatimiento bajo el chubasco de la tarde. Pero entre copa y copa había siempre un claro de luz.

Los tiempos que vinieron después fueron de intensa reflexión, repasando los hechos, valorándolos con mucho cuidado. Esta choza se convirtió en un laboratorio del pensamiento, este piso de tierra fue testigo de mis dudas, de mis idas y venidas. Aquí concebí la idea de borrar todas mis creencias, mis prejuicios, pero también y, sobre todo, de revisar los paradigmas, que como paredes, limitan el espacio para el pensamiento, no para olvidar nunca lo aprendido, que de por sí no es mucho, sino para ir más allá, mucho más allá, hasta el infinito. Debemos tener presente, siempre, que iremos más allá y que si actuamos cada vez mejor, dicho mejoramiento, se irá convirtiendo en gozo durante el diario vivir; porque con la vara que mides...

Por desgracia, tampoco podré olvidar mi genética herencia, la que a veces, más de lo que yo quisiera, es causa de algunos desvaríos en mi camino; no obstante, siempre he logrado, de alguna manera, salir al otro lado. Después del túnel hay la inmensidad del todo, pero mejor aún, hay la grandeza de la nada, donde se goza el ahora y se construyen los sueños del futuro. He descubierto poderes y facultades que han estado ahí, dentro de nosotros, esperando su turno al bate. He encontrado un mundo sutil, donde solo se vive el amor. Se respira allí y esto me habría encantado callarlo; que la mujer es la autoridad suprema de cualquier modo que usted pueda imaginarlo. Se adora a María, ella es la Diosa de todos los mundos avanzados, donde ya no se niega la inteligencia superior de ellas, del género femenino. Allí está nuestro próximo destino, nuestra próxima parada. Mientras no aceptemos aquí, en la tierra, la superioridad el sexo femenino, no como boxeadoras, y a veces ¿quién sabe?, sino en el campo del desarrollo humano, en todos los campos, como verdaderas guías en las complejidades de la vida, no conseguiremos resolver los problemas fundamentales que nos aquejan. Ya lo veremos, la eternidad nos espera.

Tendré que decirlo…, aquel mundo es real; pero tan romántico como una luna de miel en el Paraíso y es allí donde están los que han atravesado el sufrimiento y el dolor, quienes han triunfado en la vida, o lo que es lo mismo, han sido fuertes en las circunstancias difíciles de la vida. Allí se vive el verdadero gozo, en la presencia de la femenina divinidad. Quizá podríamos decir que es un mundo beethoveniano, porque allí flota su música como un bálsamo para el alma, como símbolo de la infinita armonía, puesto que la música no conoce fronteras, no conoce horizontes…, pero, ¿qué sé yo de esto?, aunque puedo decir en mi defensa propia: ¿quién podría quitarme lo bailado?

Una tarde cuando el sol se tornó anaranjado, ya sin fuerzas y solo se presentaba, sobre las tímidas colinas, un pájaro carpintero, que al parecer había perdido la noción del tiempo, porque ya solo él revoloteaba de palo en palo, de un árbol a otro, con una urgencia desmedida, hasta que, de pronto, como una bala, voló hacia la bajura con un gusano en su pico; era, para mí, como la despedida, como las buenas noches de la tristeza, que a veces siente uno, cuando la soledad es su única compañera. Retrocedí, sin ver, hasta sentarme sobre la leña, y en el cielo busqué lo que talvez alegraría mis ojos. Pensaba: "Es que no importa morir pero, que sea una vez nada más, no todo el tiempo", porque uno se cansa, uno se pone a delirar y no le alcanzan las estrellas. Quería ver a Juan de Mairena, fue él quien me mostró la filosofía del Punto Cero, me ayudó a entender los porqués de las respuestas que da la vida. Yo diría que su filosofía…, o talvez su dialéctica, me daban cosquillas y aunque no alcanzara a comprender muchas cosas, sobre todo, si él terminaba enojado, porque se disgustaba cuando uno no tenía suficientes alcances, lo cual él encontraba en abundancia cuando interactuaba o dialogaba conmigo. "Antes de escribir un poema", decía

Juan de Mairena, "conviene imaginar el poeta capaz de escribirlo". De no ser su creador, no cabía en la imaginación mía, ningún poeta, pero poseía yo el don de leer los poemas de la montaña y creerle a mi corazón. Cuando la noche había caído, podía ver al poeta Darío bajando entre sus manos una estrella dulce para el amor que una niña soñaba.

Soñé, sin fondo, encima de la leña; la voluntad que me quedaba no era ya suficiente para ponerme en pie. Y la media noche llegó cuando hablaba para el tronco aquel, quería una de sus ramas para hacer un trompo, pero sabía que de lo que le hacía falta para ser un árbol completo, habían salido las tablas de esta cama mía, también algunas de las reglas de este techo bendito, que me da su sombra; por ello, lo pensaba con nostalgia y no quería continuar construyendo su mala suerte.

La selva tiene bien guardados sus secretos, como nidos de pájaros entre la espesura de su follaje. El quetzal, el pájaro bobo, el carpintero y tantos otros como el pequeñito soterré, cuyos cantos se van con la voz de nuestro querido cosmos y son escuchados en otros mundos. Y ya, en un estado superior, nuestra conciencia alcanza a comprender el lenguaje divino de tan dichosas avecillas; ellas encarnan el misterio del amor.

Si uno ha conocido, en su interior, la selva y ha vivido en ella por largos años; entonces, ha viajado a través del misterio insondable de los tiempos. Cualquier día uno se cansa y se sienta a pensar, a escuchar la inmensidad del lenguaje de los montes; entonces, de repente, uno se revuelve con uno mismo y se descubre, se ha encontrado con su propio ser. Uno se habla, se escucha, se cuestiona y se ama, pero...

...Serían talvez las tres de la mañana cuando entré en picada; grandes pasos y el búho encandilado hicieron el caos; los árboles, en su revuelta por la ventisca, rompían sus ramas y se quejaban como los gritos de las águilas en sus rocosas montañas. El gran río se salió de su cauce y corrió como líquida serpiente entre los árboles asustados en busca de mis miedos. Como pude, me armé de venganza, con la dureza de las piedras y mi rostro se volvió risueño, engañador, con el agrio escondido; como el de esos "demócratas" que quieren creer que sus pueblos y otros los aman y los quieren por los siglos. Y su imbecilidad no les permite ver que son las libretas del hambre lo que doblega a los pueblos. Viven metidos en el miedo, pero su idiotez no tiene límites, hasta que caen, bajo el desprecio de las mayorías. Con estas reflexiones y un desmayo inexplicable, logré dominar el cielo... y vino la calma.

Un fuego cercano y una algarabía de voces chocaron de lleno contra mi silencio. Eran las cuatro de la mañana, tres personas echaban leña al fuego, lo hacían nada más por darle sabor a la sorpresa, por traer alegría o quizás solamente lo harían por atraer la ira de los dioses. La belleza se extendió hasta el amanecer.

A Lara lo reconocí en la distancia, pero las dos mujeres no habían estado nunca al alcance de mi vista. Eran..., eran, ¡no!, Cristy, ¡no!, por favor.

__Cristy, discúlpame... aquellas dos mujeres, sobre todo Sofía, eran un espectáculo sus movimientos, mi juventud no podía resistirlos. Pero, Cristy... seguramente lo has notado, yo aquí con mi soledad como mi única compañera..., ellas solo hablaban de una aventura en el más allá. ¿Crees que a mí podría importarme, un demonio, el más allá en una circunstancia así?

__¿Estas temblando?

__Sí, es que los recuerdos se me vienen encima sin la menor compasión. Déjame descansar. No sé..., ¡claro!,

Sin saber que más decir eché mi mano hacia atrás, como para agradecerle; pero ella la tomó con furia y me dijo:

__No eres más que un idiota.

__Pero, Cristy, supongo que esto no tiene nada que ver con tu trabajo.

__Cállate,

__Cristy, ¿Crees que algún día deberé narrar los sucesos de la noche pasada?

__No, nunca.

__Pero tienes que reconocer que fue un lindo final de semana.

__¿Acaso fue final de semana?

__Pues no, pero es igual, no trabajo los miércoles, ¡Ja, ja!. De todos modos no olvidaré nunca la luz de la luna.

__Bueno, ¡ya!, quita esos ojos de aquí y continúa, por favor. ¿Qué pasó aquella madrugada y día?

__Bueno, pues aquellos tres terminaron por presentarse aquí, con su júbilo bastante difícil de comprender.

Lara vio que yo no podía levantar la vista, pero aun así me las presentó en una manera que me pareció muy formal; de seguro para ver si podría desdoblar mi lengua, bueno, pues, aunque a duras penas pude mirar; como si esperara el estallido de un juego de pólvora. Pero todo, al final, se trocó en sonrisas y no salí tan mal librado.

__De Judith, ¿qué me dice?

__Bueno, ella muy bien...

De todo esto hace ya bastante tiempo, además, ya te lo te lo dije antes: no eran así como de este mundo.

Eran diferentes sus maneras...

__¡Hola!, Cristy. ¿Es que te dejaron sola?

__Sí, él se ha ido por allí, es un hombre muy extraño, fíjese que todavía no sé cuál es su nombre.

__Pues mira, creo que su nombre es D. Y sí, es raro; pero no espere que se lo explique nunca. Pero ¿por qué?, mi querido Lara, dijo Cristy, con el asombro en los ojos, ¿por qué?

__Bueno, porque él nunca se ha sentido muy bien al recordar que durante casi toda su vida ha carecido de quien lo llame de algún modo, como a otros; es la soledad la única que lo ha amado. Y dice que

43

son los animales los seres más comprensivos que hay sobre la tierra. No te parece que hasta puede tener razones válidas para pensar así? Preguntó Lara.

__Pero no haga caso, doctora, es lógico, quizá, que la soledad lo haga sentirse mal de vez en cuando.

__Sí, sí __dijo Lara__, él nació aquí, doctora. Y este pobre ranchito fue lo primero que pudo ver; incluso, probablemente, antes que a su madre. ¿Cómo podría no amar esto? Aun así, dice que lo más importante en su vida no lo ha vivido, o que no pudo vivirlo nunca.

__Confieso que me ha sido muy difícil, también a mí, comprenderlo__ dijo Cristy.

__Sin embargo, parece que él ve en usted __doctora Cristy__ algo así como la tabla de su salvación o mucho más, ¿no lo crees?

__Pues sí.

__Te contará, como lo ha dicho, que una vieja, un día, se presentó en esta puerta con un bebé envuelto en unos trapos de tristeza y que esta chocita la recibió con cariño en el corazón. En realidad, ese fue el cuento que su madre le contó y a él le encanta porque siente que está en armonía con lo que ahora ve y piensa. Lo cierto es que quien llegó fue una vieja santa: la partera. Sus hermanos vinieron a uno por año. En primer lugar, él tenía que ayudar al cuidado de ellos y darles el ejemplo de cómo vivir, no hubo Navidades ni… Semanas Santas, pero sí hubo: no silbar, no jugar ni reír, porque eran pecados y de los gruesos. ¡Cómo no!, si, su madre le enseñó la doctrina cristiana o, por lo menos, lo que ella entendía que era la doctrina cristiana, a rezar así, de tendido, sin darse cuenta de lo que se decía y mucho menos saberse lo que significaba aquello.

__Y en segundo lugar, ¿Vio usted alguna vez, doctora, aquellos jefes de estado, casi dioses, electos "democráticamente" cuando ellos mismos contaban los votos o tenían sus partidos únicos, que mostraban la constitución a sus pueblos para justificar sus desechos (el libraco nada más), porque su significado verdadero, lo llevaban en la suela de sus botas? Pues así, poco más o menos, se han entendido las cosas; sin análisis ni pensamientos de nada, sirviendo solo para ser cada vez un poco más idiotas. Lo primero por ignorancia y lo segundo por maldad.

Hasta los seis años de edad, D vivió, digamos que bien, peleándose con sus hermanos y amigándose con los animales, las plantas y los montes. Aplanaba o hacía pequeñas montañas con el lodo, luego, y también con las manos, cortaba ramitas de todo tipo y formaba selvas, decía. Luego, después, ante la vista de aquellos paisajes, hablaba de los senderos y de los peligros que había con los animales más salvajes. Mientras construía estas cosas, hablaba con alguien a quien solo él podía ver. Y es que, de verdad, solo en su cabeza podía haber alguien más; esto lo decían quienes lo vieron o lo escucharon alguna vez.

Sus hermanos, muy pequeños, no jugaban con él, o más bien, él no jugaba con ellos; precisamente, por aquella misma razón, no entendían cómo él tenía amigos a quienes ellos no podían ver ni menos escuchar. Aparte de estos detalles, digamos que, lo demás iba generalmente bien, al menos para él. Sin embargo, siempre hay un pero, después vinieron las enseñanzas de su padre: tendría que moverse, aprender a ser hombre y no un cuento de mamita. Un día lo llevó para que lo ayudara con los bueyes que estaba amansando, cuando, de repente, su padre le ordenó tomar lo que fuera para puyar uno de aquellos animales y lo que encontró fue un trozo de madera, que no era una vara, precisamente, y que apenas podía levantar. "La cosa era ya, no mañana", gritaba su padre, entonces, con aquel trozo puyó el buey, que disparó una de sus patas, le dio al leño y éste fue a parar a la frente de D. No era cosa de ponerse a llorar, ni nada que no fuera volver con el leño e intentarlo de nuevo. La situación se ponía cada día más difícil para D. Entonces, creo yo, fue cuando optó por irse. Sí__ doctora. Él se iba, usted podía verlo, pero no estaba allí, si se le hablaba no escuchaba, no se daba cuenta. Aun así, el día que descubrió que los papeles que venían envolviendo el jabón o las patatas, hablaban; ese mismo día quiso saber lo que decían, y así, tanto su padre como su madre, hubieron de sacar el tiempo para enseñarle a leer.

Después, un hombre que pasaba de vez en cuando por aquí, a quien él llamó tío Rubén, empezó a conseguirle revistas y cosas para que pudiera leer. Se volvió adicto a la lectura, el problema fue que se le pasaron muchos años sin saber que había buena y mala lectura, esta ignorancia hizo que perdiera mucho y valioso tiempo, que de verdad sintió y que después quiso recuperar.

Un día se fue al río a nadar un poco, pero algo que creía importante, se le cayó a lo profundo, entonces, se lanzó con el fin de sacarlo, pero con tan mala suerte, que se enredó en unas raíces; allí luchó, pero cuando sintió que todo era inútil y que moriría ahogado, se dejó. Cuando su padre fue en su busca, lo encontró en un banco de arena con parte de su cuerpo todavía dentro del agua, pero calentito, ¡como soñando! A partir de aquel momento, empezó con esa filosofía del Punto Cero, que solo él entiende y esas cosas del más allá. Y es que de verdad, es para ponerse a pensar, como él mismo lo dice.

Pero hay más, mucho más...

La tristeza.

Cuando hay una tristeza

atravesada en el

camino.

y no puedo ver más allá de

la noche,

abro una ventana en mi

conciencia

y lanzo, a través de ella, mi

alma;

como aquel pájaro de Noé;

en busca de alguna ramita en las alturas.

En tanto:

con lo que aún queda

en mi arca de los sueños,

alimento la esperanza.

Albúrsad.

Insólito escape.

Pues, cuando llegaron Lara y sus compañeras, comenzaron a trazar un plan de viaje, aún cuando el único que conocía el camino era él. Lara contaba conmigo y yo estuve anuente, aunque no sabía cuáles eran sus planes.

__Sí, ¡claro!, ya.

__Pues sí, ya. Si gustas cambiamos de lugar.

Un silencio se adueñó de Cristy, pero hice como si no y continué con lo mío. No quise iniciar aquel día el viaje, pues creía que si lo hacía así, sin proponer nada, estaría, entonces, a la disposición total de ellos. Tenían que dar algún valor a mi opinión, porque si no, solo me habría quedado el derecho de escuchar el ruido de mis zapatos y eso no me gustaba para nada; de algún modo, con la ayuda de Lara, lo logré y acordamos esperar al día siguiente.

Lara, una vez más, fue muy amable y con su guitarra acompañó el canto de aquellas dos mujeres. ¡Fueron ángeles! Para gastar un poco el tiempo y para ver si lograba esconder mis nervios ante circunstancias tan especiales, les conté algo de mis experiencias con el perro aquel, y noté con sorpresa que les interesó la historia, hasta me solicitaron algunos detalles. Entonces, con el valor que ello me dio y una copa de vino, les hice saber que había notado algunas características, en aquel perro, que me ponían a pensar. Pues resulta que el búho y él se entendían muy bien, tanto que a veces me daba susto. No sé, la verdad es mejor. Por ahora, dejémoslo así; no quiero sembrar ahí más dudas sobre el estado de mi cabeza. También, les conté sobre mi relación absurda con este tronco de que tanto te he hablado, creo que me excedí en el asunto; no obstante, ya Lara conocía bastante bien la historia y me hizo una sombrita para que no se notara; entonces todos se mostraron muy comprensivos y me animaron, admirados por la manera en que había sorteado los tiempos y hasta las cucarachas. A ellas, les pareció increíble poder vivir aquí, siquiera una semana, sin nadie con quien hablar y diría yo, sin volverse loco. Como si fuera poco, en esos años, ni siquiera poseía un espejo que pudiera decirme la tristeza de no ser amado. Claro que callé otros extremos, pues de ninguna manera quería ser considerado un peligro para la aventura que se avecinaba y decidieran que mi lugar sería: una vez más, en compañía de la vegetal multitud; como yo mismo he bautizado este verde matorral. La ansiada aventura estaba comenzando.

＿¿Se puede saber a qué otros extremos te referías?

＿Sí, ¡claro!, pero no ahora... Es una historia de tristeza, muy larga, muy pesada y amenazó, incluso, mi existencia. Después será.

Muy temprano de la mañana siguiente, salimos, tomamos por el cauce del río seco, hacia el norte; contra corriente, el agua que bajaba era apenas unos pocos litros por segundo, cuando mucho, y tan transparente como el fluir del viento; lo cual se convertía en un factor que nos venía a favorecer. No nos faltaría el preciado líquido en ningún momento, lo tendríamos ahí, al alcance de nuestras manos.

Desde el principio tomamos un paso, sin prisa, sabíamos que no debíamos abusar de nuestras fuerzas, puesto que había tramos difíciles y empinados, además: tendríamos que sortear las rocas más grandes. Una caída podía ser peligrosa. En fila india, nos turnábamos los puestos, eso sí, tratábamos de no malgastar el tiempo: nos deteníamos solo para comer, beber o admirar algo que nos parecía muy importante, ya fuera por su belleza o por su rareza. La bebida nos la proporcionaba, como ya lo dije, la naturaleza misma del río.

Al mediar el día, sacábamos, de tanto en tanto, unos momentos para disfrutar el espectáculo que nos ofrecía la bajura y la caída del sol sobre las montañas. Más tarde, íbamos arrastrando los minutos, cada uno con sus pensamientos; el cansancio había tomado nuestras piernas. Al fin, Lara, nos anunció la meta correspondiente a ese día. Había un manantial de aguas calientes y deliciosas, bien se podía soñar con un baño bajo la luna. Pernoctamos allí, ¡claro! Y después de alimentarnos, intentamos varios temas de conversación, pero ninguno prosperó. Nos bañamos uno a uno, discretamente.

El narcotráfico.

Lara lucía ensimismado y pensativo, por lo que me separé un poco del grupo; las mujeres se fueron junto a una roca e iniciaron una plática, la cual yo podía escuchar con claridad, pero, en principio, no sentí que hubiera nada de interés; sin embargo, poco a poco, fue girando hacia algo que llamó mucho mi atención y agucé mis oídos.

__Es un proceso__, decía Judith que tendrá que darse tarde o temprano, el tiempo los convencerá. Un día alguien, con inteligencia, pero sobre todo, con poder y buena voluntad se dará cuenta de la inutilidad, absoluta, de semejantes luchas, cuyos resultados han demostrado, hasta la saciedad, que los logros, lejos, pero muy lejos de alcanzar su objetivo más bien parecieran ser la causa de que el negocio prospere cada día. Y es que, ¿cómo saber quién o quiénes son los que, al final, verdaderamente se lucran con él?, no importándoles ni la desgracia de unos ni la de los otros: ¡Dignísimos señores!, ¿verdad?. Fíjate, unos matan por guardar los lugares donde se inicia la producción, que son: en oriente, occidente, norte y sur, bueno sí, en el centro también. Sabemos todos que se produce en múltiples formas y de mil maneras, lo que hace de cualquier ciudad un lugar ideal. Sería tonto ponerse a repasar cuántos crímenes se dan, cada minuto, en todo el mundo, debidos al complejo negocio: ardo en el deseo de hacerlo__, seguía diciendo Judith, quien parecía, por momentos, más metida en el asunto.

__No obstante, sería tan larga la lista que mejor dejo que seas tú, mi querida Sofía, quien piense en ello; quedarías asombrada si solo haces el intento.

Y mientras Sofía escuchaba anonadada y con los ojos distantes, Judith seguía machacando sin piedad:

__¿Cuántos de los crímenes de que tienes noticias, están directa o indirectamente relacionados con el negocio o el consumo de drogas? La mayoría, incluidos muchos de los que se relacionan, también con violencia doméstica. Solo tienes que ir a sus raíces, inténtalo. ¿Cuántas veces habrá drogas de por medio? Nadie parece entenderlo. ¿Cuántos de los privados de libertad lo son, de algún modo, por culpa de las benditas drogas?

__No sigamos __dijo Judith__ al fin, solo hay que pensar__ Y aquí, Judith dijo algo que destapó un error, el cual yo venía arrastrando a través del tiempo: Pensar no es un fin, sino más bien un peldaño para subir e ir más allá, porque quien solo piensa, se seca en la nada. ¡Qué pensamiento más bello y qué oportuno fue para mí! Este es el motivo por el cual estas gentes, de los mundos más avanzados, proponen pensar. Saquemos unas cuantas tardes para pensar.

__Pensemos. ¡Por Dios! ¡Por Alá!, o por quien quiera usted; solo así podemos subir, trascender__, repetía Judith, mientras, Sofía, no había abierto la boca, más bien la escuchaba con la boca abierta, es igual.

__¡Qué cosas, no! __siguió Judith__. Olvidémonos, mientras tanto, de lo que se ha hecho siempre, como si las cosas no cambiaran nunca.

Tal parecía que Judith deseaba aplastar, de una vez por todas, las ideas de Sofía.

__Recordemos __decía __ que no somos robots con un programa fijo, invariable. Esos protocolos, esos dogmas, esos muros invencibles no son más que instrumentos para fanáticos que no piensan, solo gritan como locos sin causa.

Sí, ya lo sé, pensé para mí, cuando alguien dice locos, debo correr al espejo. Por ello, estas gentes que hablan así no me simpatizan; pero cuando pienso y analizo me doy de cuenta de que dicen la verdad.

__¿Puede usted imaginar por qué quienes deberían ver no ven?__ dijo, al fin Sofía.

__Pero te digo, Cristy, a estas alturas ya me tenían confundido, ya sentía yo como si las cosas fueran conmigo, me sentía mal.

__No me lo diga__ contestó la otra, como si también se sintiera cansada.

__Sí, ¿y qué me dices de los fabricantes de armas, que son para honrar al señor Dios. ¿Y qué de los que trafican con ellas y de los banqueros? Pero hay una cosa que a mí me hace pensar __siguió Sofía: ¿Qué cree usted que les sucedería a los terroristas, quienes según tengo entendido, se financian con el producto de este negocio; por lo menos, en un alto porcentaje?

Cuando llegaron a este punto, yo sentía que el oxígeno de aquella altura, no era suficiente para mis pulmones. Sin embargo, seguí escuchándolas, mientras tanto doña impotencia me acompañaba. Por ello, cuando a través de aquella agria conversación, supe que todo sucedía en otro mundo y no aquí en la tierra, me entró una frescura en el alma que no es fácil describir: diré que me sentí jardín en medio del desierto.

__Pues, mire __dijo Judith__ creo que para ellos y para algunos políticos sería catastrófico.

__Pero, entonces, ¿cómo te explicas que no hayan cortado eso por lo sano?__, quiso saber Sofía.

__Cállate, te lo explicarías, si supieras quienes son los señores que, viendo al santo, le rezan al demonio, por aquello del amado estiércol…, los verdes, mi'jita, los verdes. Bueno, esa parte no la entendí, quizá ya me sentía yo cansado, pero si nos atenemos a los actores, podemos imaginarlo.

Todo esto habría que enviarlo al campo del pensamiento, dije para mis adentros con el deseo de que aquello acabara, pero no fue así.

__Recuerda siguió Judith, cuyas ideas seguían fluyendo como un manantial __ que esta gente es capaz de untarle la mano al más pintado, por más dignísimo apellido.

__¡Claro!__, pero también recuerda que hay quienes no ensuciarían sus manos por nada del mundo, si tenemos que ser justas__apuntó Sofía__, con un poco de sentimiento en el alma.

__Eso también es cierto. De alguna manera alguien tendrá que hacer algo, algún día. No veo nada, como no sea liberar este negocio; las drogas han sido, debemos recordarlo, puestas allí por el mismo Dios, ¿o, no? Lo hemos visto antes. Y es que, de verdad, Dios solo cosas buenas hace, da para todos, sin duda.

Como el problema resultó no ser de este mundo, mejor me dije: "Manolina del alma; hazte cargo tú de la cocina". Y salí a observar las estrellas, allí oré al cielo y me repetía con fuerza, casi con angustia, el mandato dado por Dios al hombre: por qué se debería repetir, jamás, la desgracia de Eva por culpa de Adán en génesis "que tenga dominio sobre los peces del mar y sobre las aves del cielo…, que llenen la tierra y la sometan." Entonces derramé mi cólera sobre la inmensidad de aquellas montañas, a las que debía domeñar en cumplimiento de aquel mandato.

__¿Te parece inteligente todo esto, Cristy?

Bueno, pero mi corazón estaba sumergido, como diría Machado, en la mar de la furia y en mi sangre: tsunamis abarrotaban las costas de la muerte. No daría tregua. ¿Es este bendito mundo enemigo del hombre? En ese momento fue cuando de las profundidades rocosas de la tierra, surgieron como encanto endemoniado, unas furiosas llamas, y Gea, en medio de la luz, se presentó con sus tanques de guerra, tras ella, Erictonio, y otro más, con sus rostros indescriptibles. Por instantes, menguó mi rabia, pero volví, más bien lejos de la oscuridad de la noche. Di un taconazo terrible a la tierra, nada que pudiera compararse con el que dio Pérez Prado a las tablas, sino más bien monumental. Y continué lanzándoles toda clase de adjetivos, de los que los servicios municipales no recogen nunca, por indecentes y por inútiles. Así como vinieron, pero asqueados, se fueron aquellos dioses con su monstruo de fuego.

Anonadado, hasta que vino Lara y posó su mano preocupada sobre mi hombro y me dijo con calma:

__Todo está bien, pero ha de tomar su equilibrio. ¡Ah!, ¿Usted también defiende a los yigüirros de la playa? Pero vino también Sofía y me rodeó con su cariño, entonces mi vaso, abrumado por el vino se fue sobre la montaña, sin más ley que la natural de su existencia. Pensé que la muerte me buscaba, ¿lo recuerdan?, la muerte llega cuando menos se espera. Y una vez más, miré a Maroto sobre las tablas últimas; se había ido en medio de su juventud y volví también a las colinas, allá en el oriente lejano, donde Po, el poeta, descansa, miré las copas verdes de los árboles que, en silencio, guardan sus tramos de luz eterna para alabar su majestad.

__Po, amigo, estoy aquí, guardando tu recuerdo, te veré pronto; ten lista tu botella del dulce vino de las estrellas, y un poema, para abrazar, de una vez y por siempre, los cuernos de la luna. Dale a Atenea, por favor, si la ves, saludos de mi parte, dile que la necesito, una vez más, en mi postrera despedida.

Di un vistazo más a los actos últimos de la noche y dirigí, otra vez, mi amor a Sofía; ella esperaba con asombro en su sonrisa. Me dijo:

__ ¡Vamos!, que Lara espera.

Al verme que no conseguía el rumbo, me tomó por un brazo y me condujo. Entonces, recordé la sabiduría del mago, aquel día, cuando cruzaba el río sobre las llamas y me dijo: "No olvides nunca que en el jardín de la vida siempre habrá una rosa; riégala con amor, háblale de su fragancia y de su color, no la eches ni la dejes ir. Dile del atardecer y de la noche…, así gozarás por siempre del cariño de una flor."

Lara estaba sudoroso, en medio del rocío de la mañana; su preocupación era visible, pero cuando vio que mi viaje por el tiempo había terminado, entonces cosechó una tranquila sonrisa.

__ Si salimos ahora __dijo__, tendremos buen día.

Con pasos indecisos, iniciamos, no había camino, habría que hacerlo al andar…, otra vez allí, la sabiduría de mi admirado poeta, un minuto para él: quien cantó a la mar, donde el Guadalquivir descansa.

"Que florezca el día…"

Conforme caminábamos, iban dibujándose los distintos pensamientos. Además de Machado, caminaba junto a mí: Simone Jolivet, ella hablaba con Durero y con Nietzche, a quienes nunca vi. Un problema común, global, nos abatía a Simone y a mí: la libertad, el amor y la muerte. Pero, ¡claro!, yo era arrastrado por las colinas y mi ser verdadero andaba en la bajura, llana y desierta, donde el sol me hacía perder la cordura. Nunca pude identificar la razón por la que no me sentía bien junto a Simone; pero sospeché que algunas habladurías tuvieron alguna influencia en mi querer. También, la presencia por allí de Sofía, tendía una sombra en mi inconsciente. Por ello, seguramente, abandoné aquel camino de espinas y de bejucos, aunque según decía Lara, era el más corto y volví al de las piedras del río Seco, cambiando así, a los pensamientos que gustaban de mi compañía.

Lara y las dos mujeres, eran, nada más una sombra junto a mis pies de pasos lentos, hablaban de otros mundos y de sus flamantes soles. ¡Ay!, si tan solo conociera yo París, para vivir el amor como lo vivía Beauvoir; y solo me refiero a la intensidad. Por ello, cuando se acercó, por un costado, el profeta Jalil, con las páginas mojadas, un sobresalto inundó mi corazón, pues supe que borraría algunas de mis dudas. Me miró a los ojos y pensó: "Si crees que el amor y la libertad son compatibles, entonces, estás loco de remate", y pensé: "¿Cuántas locuras habré engordado yo, y por qué?", y no me lo dijo, pero lo pensó: "Deberías saber, pedazo de idiota que, el amor es jaula de oro". Nunca supe a qué venían estas cosas, pero lo sospeché, además, Jalil, era y sigue siéndolo, el mismo Jalil. Aún así, quedéme mirando mis zapatos, como si estos hablaran. La vergüenza subió hasta mis orejas y se escondió en mí caminar. Solo quedó en mi defensa propia otra pregunta: ¿Acaso Sartre sabía que la mujer es más inteligente que el hombre? Y, caminito que el tiempo ha borrado…, quise apagar la luz, pero me fue imposible, pues, nunca estuvo encendida.

Cuando Lara anunció la proximidad del Punto Cero, abrí la boca; pero, para nada. Arrastraba sobre mis espaldas el dolor de un crimen, que aunque no se había ejecutado todavía, estaba ya en proceso; iba creciendo cada día, cada momento y ya era irreversible, desde el primer paso; lo peor es que nunca alcancé a comprenderlo. Tampoco podía revelarlo, pues habría sido lo último, la soledad habría dejado de ser una opción, se habría quedado sola, lo cual, sería el colmo de la tristeza. ¿Qué podría pensar mi amigo Po, cuando ya él creía verme sobre el camino de Dios?, ¿qué relación tenía todo esto con el Punto Cero?, talvez ninguna. No encontraba ninguna respuesta dentro de mí, y sabía que de no encontrarlas, solo traería, para mí, la desgracia eterna.

¿Qué podría significar el Punto Cero, en la cima de aquella montaña?, Judith; sin embargo, había leído mis inquietudes y vino a decirme:

__El Punto Cero es la conjunción del espacio y el tiempo en algún lugar del infinito. Allí es el final, pero también el principio; es el vacío o la nada, pero también es el todo, porque la nada es algo que se contradice; pues, la nada existe aunque tengamos que mordernos la lengua y si no fuere así, está claro que daría lo mismo. En este caso, el Punto Cero es un punto cerrado y a la vez abierto, lo cual tampoco tiene importancia. Lo que sí importa es que allí usted puede encontrar el final o el comienzo, lo inesperado o lo soñado; de usted, nada más, depende. Pero recuerde: Si encuentra ese punto exacto, podrá comenzar una vida nueva y, sin duda, podrá partir del Punto Cero. Aguzará usted todos los sentidos y verá cómo, de esa nada, brotarán como hongos las preguntas. Lo que no debe hacer, en tal caso, es volver atrás, donde ya tenía las respuestas, no…, nunca. Cuando quiera dar un paso adelante en su vida y crecer, ser más humano y útil, descubrirse a sí mismo, entonces deberá poner sobre el suelo todas las cosas, e ir "más allá del bien y del mal". Hay que construir un tejido nuevo, siguió diciéndome Judith ya casi sin aliento. La vida y los tiempos cambian, las circunstancias cambian, la ética para vivir también cambia, tiene aristas de cuidado, hay que Ser. El amor no es de nadie, es de todos; en fin, mastique con cuidado, rumie, no se engañe. Si está en lo cierto y en lo justo, dormirá tranquilo y no caerá en el abismo nunca.

__Mira, Cristy, te soy sincero, cuando Judith terminó aquel rosario yo ya no podía más; los consejos que escuché de ella eran sabios y valiosos, conmovieron mi corazón, pero mi mente fue enrareciéndose a tal punto que, finalmente, se me confundió el arroz y me quedé dormido. Al despertar traté de encontrarme pero, mírame bien, Cristy, ¿seré el mismo que era?, no, mejor no me digas nada, prefiero que enciendas el bombillo y me dejes solo, necesito ver la luz. Siempre habrá una luz en el camino y, con ella podré ir sacando en claro mis ilusiones. La mayor parte de mi vida la he pasado perdido en el espacio, pero ahora súmale el tiempo, ¿cómo podría yo haber comprendido esas cosas? He leído a filósofos y también lo que dicen de ellos otros filósofos. Es terrible, ¿cómo alguien puede entenderlos? Por todo ello Cristy, cuando me encuentro así pienso que todo esto puede ser o no ser, que si vinieran ahora las garzas, que si Lara me acompañara con su guitarra yo también volaría tras aquellas colinas, donde el sol se levanta. Sería como un ambientalista desequilibrado: ¿las personas?, muy bien gracias, y me comería las vacas.

__Cristy, sí, tome nota por favor, que yo no entiendo: Fue un atardecer..., en la cumbre quedó grabado...,

__¿Qué te sucede?

Es que no encuentro las palabras, mi lenguaje es el lenguaje de los árboles y de las montañas; mis pensamientos han sido arrastrados por los ríos, porque no había nadie para recogerlos y ahora, no tengo las palabras. Esto me entristece, pero..., usaré algunos recursos adquiridos aquí, bajo el olor de esta paja, y no el vidrio que cobija mi soledad. Y del calor de este fogón que no se apaga nunca. Por las noches, hablaba y practicaba el asombro, desvestía mis pensamientos para escucharlos y rematarlos con locura.

Bueno, aquella tarde, un pajarillo asomaba la belleza de su canto y el horizonte, color naranja, se acababa, se iba. Alcanzamos el destino final en la tierra. Pero, faltaba descubrir el Punto Cero; sí, ¡claro!, ¡por supuesto!, un símbolo, una metáfora de él, tú lo sabes. No hagamos más torcido el hilo, no tiene sentido. No tenía idea. Era, en verdad: / un misterio de hojas muertas / por el camino solo / de tiempo acumulado, / iba y venía, sin caminante de tristeza/.

Y un pájaro negro / de ojos invisibles / postrado, bajo la tarde, / cantante de quejas roncas / y de secos troncos / sacudía de vez en cuando / el silencio de su cabeza. / Ha callado el viento / y la noche…, ha caído por el monte / al cielo ojos le han nacido, / de búho encandilado…

Será a la medianoche, anunció Lara; entonces. Mis preguntas temblaban indecisas, pero preferí retirarme, una vez más.

Atenea.

Escuché la voz de Atenea, (era la misma de siempre), pero gusté siempre tratarla como Atenea, no sé por qué. La primera vez que estuve herido de muerte, atravesado por una espada maldita, fue ella quien acudió para decirme: "Esta vez fuiste inútil y te irás sin honor, pero en un futuro debes creer en ti, solo así crecerás". Allí, me di cuenta de que la vida es una cadena y cada paso es un eslabón. Pasaron otras vidas; como en la época de Li Po, y otras, hasta que aquella tarde-noche, cuando la suerte estaba echada. Por eso, cuando escuché, una vez más, su voz, sentí la fuerza, avasalladora, de su femenina inteligencia. No pude escapar de su mirada y miré en sus ojos, la determinación del ya no más. Supe que aquella noche no era la de los murciélagos rondando mis orejas, ni la del búho, ni el último sueño de Maroto. Era la noche mía; la mecha ya ardía, no había vuelta.

Pensé, de pronto, en esto, en estas paredes de astillones, sentí tanto amor por estas cosas. Siempre había creído en el dolor de la ida, en sentir tanto el abandonar, como el ser abandonado, era una pérdida sin fondo. Pero, bueno, allí estaba, una vez más, esperando lo desconocido. También, Atenea esperaba de mí, no sé qué. Reuní el valor y la fuerza necesarios y le dije: Diosa guerrera, que venciste a Palas y a Encélado, hija de Zeus, que luchaste al lado de los aqueos, esta vez no claudicaré, quemaré los veleros para luchar hasta el final. El calor entró en mi sangre y continué: Atenea, símbolo de la inteligencia femenina, esta vez no seré yo quien caiga.

Aguanté su escrutadora mirada; entonces partió, sin decir adiós, ¡por supuesto!

Contaba aún con más de dos horas para alcanzar la conciencia Cero. Había que descargar prejuicios, espantar fantasmas, el entorno era exacto, solo había sombras, más unos luceritos en el cielo, y el viento se quedó mirando. Nada más. De vez en cuando, un ave nocturna con el mensaje de una hija de Armonía o tal vez de Urano y Gaia, ¿Quién sabe?, pero era un canto, lo creo de corazón…, venía de otros montes.

Sofía vino con su bondad, pues sabía de mis angustias; pero había comenzado ya mi nueva lucha.

Una esfera perfecta de piedra acababa de chocar, brutalmente, con mi filosofía de la vida. Sí, su ética era incorruptible, pues no tenía aristas ni puertas ni ventanas, era perfecta y su pasado era redondo, sin espinas; no había dudas mal habidas, ni negocios sin retorno; no presentaba un frente fijo, o lo que es lo mismo: su virtud era la justicia, por cualquier frente, igual para todos. Pensé en un argumento como el cincel, pero habría sido criminal cambiar su imagen sin tener argumentos de valor indiscutible. Pensé, también, en un político, de esos que no hacen nada, pero que tampoco dejan hacer, sé que habría sido un negocio redondo porque ellos cobran, precisamente, por no hacer nada. Pero me habrían llenado de promesas sin sentido. Deseché las ideas y me puse a pensar a partir de cero… ¡Eureka!, estaba claro, ello era: ¡la piedra! Una metáfora, un símbolo del Punto Cero, algo como la imagen del universo, un sistema filosófico global y con un fondo inmensurable. Había olvidado yo, con benemérita estupidez, la lógica. Bendita sea la idiotez de este hombre que, sí entiende a los murciélagos, cuando la divina música los espanta y vuelan, con torcido rumbo, hacia la bananera. Bueno, acabo de entender la naturaleza redonda de la tierra. ¡He dominado un pensamiento de Dios! ¡He cumplido un viejo mandamiento, he conquistado el Punto Cero!, debo estar listo, así pensé.

Lara, quien había sido un espectador silencioso, vino con su mano amiga y su felicidad me contagió. No quedaron cabos sueltos, había amor para todos por igual. Solo quedaban tres minutos; las mujeres cruzaban miradas inteligentes, como pilotos, que eran, en la transparencia de sus naves.

Allá, al otro lado del océano, talvez en Almudena, un reloj quizá marcaría otra hora, pero en el Punto Cero eran las cero horas.

Los recuerdos de la visita que me hizo mi tío Rubén, las ocasiones en que miré a Lara hacer gala de un poder superior al conocido aquí en la Tierra y lo observado cuando una de las hijas de Zeus y Mnemosina avivó, con la magia de su piano, esta llama feliz de mi querido fogón. Aquel espectáculo dichoso me dio una confianza que no había sospechado nunca, ni sentido en ninguna otra circunstancia...

Otro mundo.

Fue así como a las cero horas exactamente, sonó la campana, vibró por toda la montaña. No supe quien sería el tañedor, pero el tañido recorrió todo el barrancal, mezclándose con su propio eco, y, de repente, aquel velo misterioso, de que ya hemos hablado, fue dando paso a otro mundo. Sentí que me hundía en el vacío, que era absorbido por la nada y cuando el tañido se extinguió, ya habitaba un mundo nuevo, delicioso a todos mis sentidos.

Busqué a mis compañeros de viaje, pero no los encontré por ningún lado; por un instante pensé en una broma del alma pero, se fue mi pensamiento y al momento siguiente me invadió el gozo y una sensación de seguridad total. Allá, Cristy, viví la belleza y la paz; aunque nunca pude comprenderlas, supe cuál fue la razón para que me tocara a mí tan inmenso premio; no pude jamás, creo yo, merecer nada tan positivo, menos así. Puede que el secreto esté aquí, dejar testimonio de lo visto y sentido para provecho de quien quiera merecerlo, ¿no te parece?

Alguna vez creí saber algo sobre física o mecánica cuántica, del tiempo o de dimensiones espaciales, o sobre la velocidad de la luz y otros cachiflines; pero todo quedó pulverizado en mi mente y se convirtió en un chiste cruel, dentro de la dichosa ignorancia mía.

__Cristy, he aquí uno de esos momentos en que el hielo no se rompe y uno patina sobre un congelado pensamiento. Ahora, Cristy, necesito tranquilizar mi espíritu, volar hacia otros tiempos. Tendré que conectar con Li Po, a través de la mente universal, a través de mi conciencia, que es la misma de él. Él siempre estuvo allí, siempre está con el último trago del vino del amor y nunca falta un poco más para el amigo; por ello ha sido y es venerado por los dioses. Necesito descanso en mi conciencia.

Ante cada copa y con todas las fuerzas de su espíritu, trató de inculcar en mí, el saber de que hay una inmensidad a nuestro alcance, el conocimiento al que todos los seres humanos estamos conectados, generalmente, sin saberlo, a través del campo del amor. No solo con la sabiduría de la vida, sino también entre nosotros. Y un día me dijo, el mismo Li Po, que el tiempo en que el conocimiento y el amor serán los valores más importantes para vivir. Lo que sucede, me dijo: "Es que no queremos vivir en ese campo, el del amor". Y tomó un trago más como si fuera el primero.

Entonces pensé que aquel hombre estaba hecho de pura sabiduría, supe, además, que yo jamás alcanzaría ese cielo. Lo diré una vez más y de seguro no será la última: Hay que abandonar en cualquier basurero, ojalá, de ser posible, todas esas creencias y supersticiones que nos han infundado, todos esos muros que ponemos nosotros mismos, para limitarnos, para apuntarlos en la pizarra de los pretextos, como la causa de no poder, nunca, sentirnos satisfechos con nuestros logros; esto sí son, más bien, fracasos, lo que vamos cargando por la vida. Dice Po, y note que no me atrevo a afirmarlo yo mismo, pues hay algún murito por allí, que todavía no he derribado, "que la inmensa mayoría de los seres humanos no dejamos de lado tanta tontería, porque llevamos algún deseo, al que tendríamos que renunciar, si solo llevamos la vida por el campo del amor". Dice que esto es cierto, pero lo que no sabemos es que aquello que hoy deseamos y que nos parece irrenunciable, no será nada más que una muestra de la manera tan estúpida en que hemos perdido el tiempo, o si de verdad, era necesario aquello, quizá lo habríamos conseguido como consecuencia de nuestra nueva manera de ver la vida. Más adelante, seguramente, seguiremos con esto, pues es tan importante como la vida.

__Y es que, de verdad, Cristy, esta chocita, que tanto quiero, no es en realidad mi verdadero hogar, que sí lo es mi conciencia. Sé que es difícil de comprender esto, pero ahí, en mi conciencia es donde puedo sentirme feliz, no en otro lado. Si tengo todo el oro del mundo, no estará en él mi felicidad, sino en mi conciencia. Como el oro, a mí no me sirve para nada, tendría que venderlo para comprar algo que me haga feliz. ¿Qué será ese algo? Pues lo que sea, ¿por cuánto tiempo me hará feliz?, ¿será suficiente?, ¿no será mejor ser feliz sin tanto rodeo? Claro que sí. Esto lo lograremos, ¿Cómo? Encontrando el campo del amor. Para ello, no necesitaremos un centavo; parece difícil, pero es lo más sencillo del mundo, solo hay que hacer un cambio en nuestra mente. Ya lo veremos. Por ello, a mí me encanta decir que Po y yo, navegamos en el mismo mar y su sabiduría fluye de él hacia mí, como la luz, y así, como las aves pescadoras obtienen del mar su alimento; también, podemos nosotros nutrirnos de la mente cósmica, que es nuestra mente. Allí estamos, en el océano de las posibilidades sin límite.

__Sí, Cristy, allí está el amor, esperando encarnar, es belleza en el alma, algún día lo conoceremos todos, será un salto cuántico y comenzará el día eterno de la mujer, ¿dónde, en qué otro lugar, podría estar el amor?

__Todo esto, mi querida Cristy, porque cuando alcancé aquel mundo feliz no sabía que pintaba yo allí y no tenía ninguna certeza de nada. Mi corazón palpitaba con alegría, pero sin sacar nada en claro, solo sabía que algo distinto, talvez la gloria o el paraíso se extendía a mi alrededor. Por ello, me atuve a lo que estaba viendo, no quise que la imaginación me llevara a otra parte, sentía el deseo de disfrutar aquel mundo nuevo. No estuve equivocado cuando pensé que el tiempo me llevaría a la comprensión de todas las cosas que allí sucedían y el porqué. Esto fue lo más importante y sigue siéndolo. Cambió mi actitud ante la vida y ante mí mismo, a tal punto que ni estas montañas ni nada han podido entenderme, o es que yo me comporto de otro modo ante las cosas. Más aún, aquel gen que bulle en mí, fue también un obstáculo, puesto que si me explanaba mucho en esto, habrían creído, fácilmente, que dicho factor hereditario, había entrado en acción, así que lo mejor ha sido esperar hasta hoy. Me he lanzado sin paracaídas, sin miedo a perder, porque ahora sé, que aun cuando algunos crean que hay desórdenes en mi mente, no me harán daño, puesto que ya mis prejuicios andan de parranda. Lo que alguien piense, sea lo que sea, pues ¡qué bueno! Sé hacia donde voy y cuál es mi camino, y calla, que yo nazco cada miércoles.

La vida es un arte y es uno el que ríe, es bueno saberlo puesto que la risa es remedio infalible.

He llegado hasta aquí, he rodeado obstáculos como piedras en el camino. Pero sé que en adelante seguirán algunas dudas, comprensibles y razonables, por ello, siento la necesidad de recordar lo dicho arriba. Todo lo afirmado aquí, es absolutamente cierto; recordemos que en su mayoría son comentarios que solo transmito, pues todo eso y mucho más, lo he vivido intensamente, que ya estoy, para muchos, viviendo tiempos de descuento. Confieso que he mostrado esto a algunos amigos y han sido muy sinceros; algunos de ellos, al decirme, que creen que todo esto, ha sucedido solo en mi cabeza; mientras que otros se han mostrado vivamente interesados en saber más detalles; tal cosa también es real. A quien interese, quiero decirle que no soy creador de nada, ni escritor; solo me ha tocado en suerte transmitir estas cosas y encima cargar con los muertos. Estoy feliz de que haya sido así. Cada quien, como debe ser, extraerá las conclusiones según su saber o como a bien lo tenga. ¡Cuán mayor sería mi felicidad, si algunos de estos hechos solo hubieran ocurrido en mi cabeza, pero, más bien, son la prueba irrefutable de la veracidad de toda esta historia! Y hablo de mi felicidad, porque de no haber ocurrido así, no sabría lo que me espera más allá, sobre el camino y los puentes que son la vida.

El psicoanálisis y la espiritualidad.

__Pues mire, doctora, no puedo saber cuál será su pensamiento al respecto, pero creo que el psicoanálisis y la espiritualidad coinciden a veces en el camino de la vida. Es más, creo que la experiencia vivida como paciente es que la fase buena del psicoanálisis es precisamente ello, que lo somete a uno a un examen interior profundo, y esto no es más que un ejercicio espiritual. Creo que el psicoanálisis es uno de los tantos instrumentos que bien manejados, lo llevan a uno a encontrarse consigo mismo, le inyecta a uno el valor para sacar la basura de su interior, tal como lo hacen los niños o los poetas. Me perdonas, Cristy, no sé qué otra cosa pretenden ustedes ser o hacer. Talvez sería bueno que los psicoanalistas como tú, doctora, tuvieran esa vela encendida ¿O es que...? Bueno no lo sé.

__Sí, sí, Cristy. Hay que estudiar mucho, muchísimo, benditos sean ustedes. Yo no sería capaz nunca, nada más de entender a Jacques Lacan. ¡Dios mío! para no hacer una lista..., no, mejor olvídalo, me volvería loco.

Pues, como iba diciéndote, el lugar era sumamente acogedor, había muy pocas personas, me parece haber dicho que vi un rostro conocido; sin embargo, cuando mis sentidos ya tomaron posesión de todo, no encontré aquel rostro. Era tan agradable allí la vida, que pensé en disfrutar de los campos. Había tierras, fértiles, si me atenía a los cultivos que tenía al alcance de mi vista, también había arbustos, de vez en cuando, así como algunas aves aquí y allá, sin faltar aquellas melodías que alimentan el alma.

La belleza, esparcida por allí, hizo que mi mente echara a volar todos sus alcances, y es que, allí, sí, a veces comienzo a saltar fronteras, si no se cómo llamarlas, les pongo el amor que hay en mi corazón y suelto los canarios, ellos, también, se vuelven pensamientos de colores que se van volando; los seguí hasta el río, como ya lo sabes, me encantan los ríos porque se van y se van, pero siempre están allí. Hay un secreto que los ríos guardan como los cuentos de Allan Poe: siempre están ahí y uno no puede entenderlos. Escuché "Las campanas" y encontré "La carta robada", pero aún cuando el agua ya no era la misma, el río seguía allí, refrescando mis pies. Son éstas las cosas que hacen, dentro de mí, la vida eterna. Estuve allí largo rato, escuchando el rumor de las piedras en su diálogo con las aguas y el líquido adiós que no muere nunca, es como la vida: alcanza la libertad y vuelve, una y otra vez, vuelve...

Ya veremos cómo la muerte debería ser no más que una ilusión; pero ha sido solamente una mentira de miedo, de la que muchos lucran. Venden un más allá con anzuelos en la puntas. No, la vida no muere, ha estado y estará siempre allí, todos lo veremos algún día.

Allí, sentí un aire de libertad que jamás había sentido. Creo que para narrar estos hechos, tan diferentes, pero sobre todo para entenderlos: primero hay que estar conectado con la mente universal, como ya lo vimos, y segundo: hay que estar libre de creencias y paradigmas o cosas semejantes. Bueno es lo mismo, la mente universal no guarda paradigmas ni dogmas. Porque las cosas que uno ha escuchado, cuando mete los pies bajo la mesa y manda su conciencia de vacaciones, se arraigan tanto, que si uno las reúne un día y se pone a pensar en serio, se dará cuenta de que pudo convertirse en una pura tristeza, y si no piensa, pues ya lo es. Pero la tristeza es un amor; hay en nuestra lengua adjetivos especiales que le irían mejor a la cosa, pongámosle, por ejemplo: estupidez, aunque nos quedemos todavía un poco en el camino. A mí me duele, en el alma, porque anduve con ese saco a cuestas. Y pensar que pude haber ido a las playas a recoger latas vacías de cerveza, lo cual, ¡por supuesto!, me habría evitado muchas vergüenzas.

Sí, sí, debemos respetar los otros pensamientos, los de los

demás, ¡claro!, ¡por supuesto!, no debería, nunca, ser de otro modo. Pero como me dijo Lara en una ocasión: "Siéntate allí por favor, sobre ese tronco, sacúdete y ponte a pensar por un amor sincero". Lo dijo con una mirada fija en lontananza. Y es que a Lara, tan sin artificio que uno lo ve, pero dice que los dogmas son cajas fuertes para guardar ignorancias.

Dice que hay que...

¡Ja ja!, ¡solo a él se le ocurren estas cosas! Sin embargo, Sofía ha dicho que en algunos casos los dichosos dogmas pueden servir para no destapar algunos asuntos muy pestilentes. ¡Ay! Dime con quién andas...

Después de escuchar los diálogos entre las piedras de aquel río y las risas de los canarios, vino Sofía con su voz encendida para invitarme al siguiente mitin. La seguí por un sendero de dudas que chocaban entre sí, hasta llegar al salón de asuntos sociales, según el rótulo que había sobre la puerta de entrada y arriba del pizarrón. De pronto, llegó alguien más importante que los demás, porque también allí, en aquel mundo avanzado, hay desigualdad; dicen que cada quien es como es y que si se le suelta la gana y un poco de buena voluntad, puede subir y subir hasta donde quiera, para eso cada quien con su escalera. Pero también, por supuesto, si la gana le da y mucha pereza puede quedarse al pie; ¡claro!, no se quejará después, si encima le va el zapato. Cuando pedí explicación, por aquello de los derechos humanos, un señor se volvió y me dijo: "Soy como soy y no me parezco a usted, pero no se preocupe que no será culpa suya, ni de nadie, es mí querer; esto también tiene que ver con mis derechos" y agregó (para desgracia mía): "Es que quien pide ayuda, no vale lo que cuesta". De inmediato, seguramente lo pensó mejor y agregó: "Es que a veces quisiéramos correr y todavía no hemos hecho nada para comprar los zapatos." Pensándolo bien hay verdades atroces.

Y me costó tanto digerir aquel asunto, que no me di cuenta de que había comenzado el encuentro; pero finalmente escuché algo como esto: "Han descubierto nuestros más sabios científicos que la eternidad es como el Punto Cero, no tiene comienzo ni final". Tengo que reconocer que cuando escuché lo del Punto Cero, me puse grave, se me cayó el alma, pues yo había creído que ello era una creación de mi mente infinita, pero por lo visto... después hablamos que no fue el cuento ese de que alguien dio fuego a la mecha, no hubo tal gran estallido ni cosa parecida, que la energía estuvo allí siempre, que en el universo hay rinconcitos mucho más viejitos que el Big Ban; que ya antes hubo otros "big bangcitos", que el reciclaje no fue inventado por los terrícolas; pero ese cachiflín nos ha confundido y esta juventud de que gozamos en este paraje cósmico que estamos habitando, se debe únicamente al reciclaje. Y siguió con una serie de qués que para qué. En ese momento deseé la presencia del Sr. Albert Einstein para que lo pusiera en su lugar, pero parece que andaba en cosas más importantes.

Aunque, pensándolo bien, dijo cosas que si dan para pensar mucho, y es que él tenía contactos con seres mejor dotados del más allá. Sus amigos, según escuché, habitaban en la séptima dimensión y poseían características muy especiales. Bueno cosas así, Cristy, de verdad habría que pensar muy en serio. Habló de que a los humanos están tratando de remolcarnos hacia un conocimiento superior, pero también dijo que somos un poco duritos, que la inmensa mayoría estamos atados al pasado y solo miramos hacia atrás, dijo que nos encanta la historia y para no aburrirnos le hacemos algunos cambios, muy sospechosos por cierto, poniéndoles lacitos en las puntas. En fin, que nos sobran pretextos para desperdiciar el tiempo. Hay más, Cristy, no se aburra...

__Bueno, Cristy, ¿he de seguir con este relato? Bien: pues seguí escuchando con atención y noté que el conferencista iba ganando en entusiasmo, hasta que, por fin, se dignó mencionar a don Albert; esto hizo que mi corazón palpitara con más fuerza; no hay cosa que lo emocione más a uno, cuando está en tierra ajena, que escuchar la mención de alguien a quien uno admira. Se refirió a una tal pared absoluta y dijo que una luciérnaga volando a la velocidad tope posible, a la cual ni siquiera un agujero negro podría imprimirle mayor velocidad.

__Y aquí, Cristy, hago una parada para recordarte que estoy al tope de mis conocimientos y hasta donde la memoria me da, punto. Pero aquí vienen los detalles: digamos que usted se para sobre el tejado de su casa, aquí no sería posible, puesto que no tenemos tejas. Bueno, ya está allí, entonces puede ver la luciérnaga cuando, de repente, se la traga el agujero negro. No pudo pasar de largo, aquello sucede tan solo en cien microsegundos. Recordemos que la tal luciérnaga va a trescientos mil kilómetros por segundo. Cristy, por favor, disculpa que yo, ya no sé dónde estoy. Es fascinante, dijo quien hablaba, fenomenal, lo ve usted desde su casa, con todo el sol y mientras esto sucede puede usted meditar y sacar cuentas. Cuando el conferencista venía por aquí, a mí me entró una duda muy grande, pero me aguanté por unos momentos, porque pensé que, talvez, detrás, vendría la aclaración, pero siguió diciendo: "De este lado, donde usted vio, es el mundo de luz y del otro, es el mundo del más allá de la luz". Talvez, pudo haber dicho que era el mundo de la oscuridad, pero ¿cómo, si no podía verlo por la dichosa pared de Einstein? ¡Mira!, Cristy, recuerda que yo me encontraba allá, al otro lado, que era donde él hablaba. Te suplico un favor, Cristy, ¿podrías alcanzarme el vaso con un poquito de agua?

¿Cómo crees que mi corazón se sentía allí, en aquella circunstancia?, ¿has podido comprenderlo? Pues, ahora viene lo mejor: ¿cómo te lo explico? Aunque todo esto es mucho más sencillo que acabar con el narcotráfico, así, en la forma que han tratado de hacerlo; tampoco pude comprenderlo; sin embargo trataré: al fin ya sabes lo que he vivido, espérame, ¡mi conciencia…! Pues, mira que yo pensaba y pensaba y ya no escuchaba, supe, de pronto que estaba entre dos mundos, separados tan solo por la pared de Einstein; mis rodillas temblaban y mi cerebro tomó la curva a toda velocidad, por ello, no me di cuenta cuando la conferencia entró en la fase de las preguntas; fue cuando, quizá una mosca en mi nariz, ¿quién sabe?; la cosa fue que levanté una mano y aquel hábil hablador me señaló con el lápiz, ¡me señaló! Estuve a un centímetro de decir: ¡Por Dios!, pero quién sabe por qué cosas del destino me cambiaron y dije: ¡Por mi Madre! Esto es bien visto allá, puesto que la mujer está primero y, ante todo, nuestra Madre: la de todos. ¡Mire que no tenía ninguna pregunta! ¿Cómo, sobre qué? De pronto mi lengua se activó, entonces cuando miré que aquel hombre me veía como a un bicho raro le dije: ¿Podría usted hacer el favor de indicarme la puerta de salida? Sí, haga el favor de salir por el hueco que le sirvió de entrada, me dijo. ¿Te imaginas? Di la vuelta como si hubiera estado tan solo a unos centímetros de la pelotita, esa que originó el Big, ya sabes, ¿verdad?

Salí, me recosté en la pared, por fuera, respiré profundo antes de volver a la calma y de nuevo me puse a pensar. Allí caí, no en un agujero negro, sino, más bien, en las tinieblas del agujero, en la certeza de que la ignorancia es maravillosa; pero, además, tiene algo que no ha sido valorado en todo su esplendor: y es que la ignorancia no estorba para pensar, pues allí me sentía como presa del destino, pero pensaba…

Bueno, en realidad estaba perdido. Sentí, aunque no muy claramente, que mi corazón no enviaba suficiente oxígeno a mi cerebro y el sistema neurotransmisor andaba a pie, a paso lento; a duras penas pude entrever la imagen de un árbol de gran fronda, a una distancia no clara, pero tampoco lejana. Me transporté allí sin siquiera darme cuenta. Al parecer, los medios de transporte, allá, son así: con el pensamiento nada más.

En una sombra.

En una raíz aérea de aquel árbol, me senté; esperé hasta que mis órganos vitales se pusieran de acuerdo con mis verdaderas necesidades; no tardaron mucho, según creo; porque cuando Sofía venía por el prado, mi corazón levantó el ánimo de todo mi cuerpo y pude recibirla con las primeras flores que alcancé. Mis palabras brotaron casi con violencia y doble sentido, pero aterrizaron como apasionados pétalos y las sonrisas dulces, preñaron la distancia entre los dos. No había más nadie. Bueno…, aquel árbol nunca dijo nada. Por ello, creo en el silencio cuando habla del amor. Dos almas dijeron al unísono: Que la soledad puede ser feliz cuando no está sola.

__Cristy, puedo decirte, de verdad, que la tristeza se fue con el viento, pero sin el encanto de las hojas.

...Un largo silencio, sin pensamiento y sin fondo, pero con un aire lleno de amor me acompañó. Vino después una intensa reflexión, ¿sobre qué?, ¡bueno!, sobre aquel mundo nuevo, que había entrado en mí y de cómo podría percibirlo en un contexto tan difícil de leer, pero tan real como la luz.

__Cristy, quiero decirte algo que me ha llenado el alma: recuerda que estos hechos que te he narrado hoy, aquí, los he vivido en aquel mundo gemelo, pero más avanzado, que no quiero saber dónde se encuentra, pues, en ello radica el significado, tan grande, que tienen para mí. Cuando veo a algunos de mis viejos conocidos, de muchos años de haberse ido de esta tierra y que ya no recuerdan la envidia, ya no luchan contra nadie, sino más bien a favor de..., y que dicen que con ello, nada más, los seres humanos daríamos un salto cuántico hacia el amor, hacia una vida más fácil y más dulce. Es, entonces, cuando siento dentro de mí, el inmenso valor de mis aventuras. Y cuando camino frente a ese tronco o de aquel árbol de quizarrá, donde al escuchar la música mía; mi ego se llena de orgullo, ése, que solo hace más gruesa la máscara inútil, en esta parte de la vida. Pero también hace que, por momentos, me sienta más cerca de mí. A veces se me pone difícil, a veces, acomodar mis pensamientos, aquí, en esta tranquilidad tan grande, pero tan larga, que también puede llevarme al vacío, a la nada. Ojalá puedas comprenderme, porque cuando esto sucede en mí, solo me quedan las alas. Dicen que la necesidad lo hace a uno. Creo que allí, en el vacío de la nada, comenzó mi camino; y otra vez viene aquí el Punto Cero; pero, ahora, no quisiera hablar de ello.

Así es como también, de repente, esta tranquilidad se convierte en mi nave, para recorrer la belleza del universo o, talvez, los universos, (aunque haya una contradicción en ello, ¿cuántas no hay en la vida?), pero, sobre todo, recorrer la eternidad y la paz.

__Cristy... una de las satisfacciones más grandes que puedo sentir es poder contárselo a alguien; en este caso, a ti, ¿puedes imaginar? La soledad total no siempre es feliz para la vida; yo mismo soy como una pelota de ping-pong, cuando vengo, me voy otra vez, para saber que estoy donde estoy, y que no muero, aquí o allá es lo mismo.

__Para retomar el hilo, Cristy, cuando volví en mi conciencia, allá, bajo aquel árbol, decidí llamar a Lara, y juntos fuimos al Valle de María: la creadora de todas las cosas, por si podíamos ver su casa, la casa del nacimiento de Dios, aun cuando fuera a la distancia, por amor. Para mí, es muy difícil comunicar lo que allí miré; solo puedo decir que me llenó de una tranquilidad absoluta; era una belleza sencilla y de naturaleza inexplicable. Sentí como si viajara en una nave espacial, su redondez como la de una burbuja y su seguridad total, como en el núcleo del Punto Cero, zona divina, invencible. Es la inmensidad del premio para quienes conocen la belleza de aprender a vivir; solo hay amor y uno siente que no hace falta nada más. Creo que el lenguaje debería ser de plural dimensión, pero, supongo que es imposible, ya dije antes, que el lenguaje, cualquiera que sea, puede ser tramposo y engañador, más aun, cuando va acompañado de la terrible ignorancia, se convierten en un dúo fatal, que mata de tristeza al corazón. Y entonces, lo bello se vuelve ansiedad e impotencia, aquel premio no lo había ganado yo; mi destino eran las colinas y las montañas.

Me entraron los recuerdos y me miré subiendo una empinada cuesta, en busca de Li Po: "Dios del vino", quería un poema con su espíritu de libertad y el Tao de la vida. Caminé por los bosques, busqué la luna, volví con mi corazón llorando y las manos vacías. Lara esperaba allí, sobre la hierba, yo también me senté. Todavía el sol de la tarde caía en pedazos, frente a mí. ¿Dónde estaremos cuando mueran esas estrellas que ahora nos dan su luz y la energía para vivir? No, no lo sé, pero las estrellas también nacen y mueren. Siempre habrá adonde ir.

En mí, aún andaba palpitando aquella visión de la gloria de Dios, el Valle de María: la Casa de María en la dimensión última, el vacío eterno, donde se originaron los pensamientos primigenios de Dios: hijo del amor de María, la mujer. Allí está el origen de los universos y no en aquella burbujita invisible, que sí estalló, pero que solo fue un pequeño detalle en la escoba cósmica del momento.

Lara conocía mis pensamientos, pero, su bondad cubría la distancia; creo que ese día lo conocí por tercera vez, supe que había leído mi vida, ¿hasta dónde alcanzarían los conocimientos de Lara? Cada vez que lo veía se hacía más grande mi sorpresa; cuando miré sus ojos comprendí que había nacido muchas veces y que trataba de mostrarme el camino. De repente lo vi, y como si la bondad hubiese encarnado en él, me dijo: "Ahora la madre María nos está esperando".

Un susto comenzó a bullir en mi estómago, pero una fuerza que no podía resistir me empujaba hacia allá. Sin pensar, busqué con los ojos, un lugar para esconder los pecados, para dejar allí la carga, aquella, que me dolía tanto, pero aquel era yo; no podía dejar lo que era parte de mí. Fui, Cristy, aunque tampoco pude ocultar el temblor.

Una viejita dulce nos hizo pasar a la sala, tomamos asiento en un taburete que estaba junto a la pared: era algo parecido a ese que estás usando; la humildad hecha de madera, aquello me tranquilizó un poco y supuse que la Madre María estaría por salir; pero, de pronto, la viejita de la entrada nos preguntó la razón de nuestra visita. Aquella mujer calcó en mi memoria a mi abuelita paterna, era dulce y puro amor, no parecía tener otra cosa.

__Queremos ver a María, la madre y creadora de todas las cosas__, le dije con la boca seca y con un temblor en el alma__, ¿Será ello posible?

A mi abuela paterna no la conocí nunca, pero en una ocasión, quizá en mi segundo año de vida, me envió unas seis caracolas, que había recogido para mí en el mar. No supe, al final, que fue de aquellas conchitas pero, toda mi vida he pensado en ellas, allí siento el amor inmenso y dulce de mi abuelita. Por alguna razón, que en aquel momento no comprendí, aquellos ojos miraban directo a los míos, taladraban todo mi ser y me hacían pensar que eran los de la abuelita que nunca conocí.

__Sí, mis hijitos, es a mí a quien buscan, soy María__. No miré a

Lara, pero me quedé de hielo.

__Sé a lo que vienen, pero deben decírmelo.

__Pues, mire, Madre, ¡eran tantas cosas que las he olvidado!__. Lara, sin explicación alguna, había salido, ello me dio más libertad para hablar. Este peso inmenso que me aplasta.

__Es y será tu castigo, por no pensar. Ya sabes lo que debes hacer, busca el perdón de quien has dañado, no más.

__¿Qué podrías decirme de todas las cosas horribles que suceden, allá, en la tierra?

__Que no es a ti a quién corresponde juzgar; tarde o temprano, cada uno llevará la carga de todos los daños que haya causado, todo será como corresponde, ¿has leído aquello que dice: con la vara que mides serás medido? Pues, así será. Nunca te vayas en contra de nadie, anda a favor del bien y trata de no equivocarte, como ya lo has hecho. Y en cuanto a tus abuelitas, las dos estarán esperándote, te aman.

__¡Ah!, bueno, gracias.

__¡Ah!, pero, abuela, ¡perdón! Perdóname, Madre, es que quisiera saber si puedo visitarla otro día.

__No lo sé pero, si fuere así, te esperaré con amor y tráeme un dulce de mango.

__Con gusto, ya lo sabe, Madre. ¡Tan dulce!__ Sentí una dicha tan grande que olvidé cualquier otra cosa.

__Pero, hijo: esto debe ser tuyo, tómalo__. Tomé la bolsita que me señalaba, sin pensarlo y salí sin darme cuenta.

Cuando encontré a Lara, quién leía algo bajo una sombra, me tranquilicé y, entonces, abrí el paquetito.

Lara acudió asustado en mi ayuda, pues vio que me faltaba el aire para volar.

__¿Qué te ocurre?, por favor, habla. ¿qué sucede?

__Ya no…, no, no ocurre nada, es que mi abuelita, ¡no…! No. La Madre María me entregó esto. Es una historia muy larga y muy linda.

__¿Cómo?, esto no es una historia. ¡Son más bien, unas caracolas!, ¡son seis!

__¿Qué significa todo esto? ¿quién es tu abuelita?, ¿quién es la señora que está allí?

__Pues, es mi abuelita, ¡no!, ¡no!, es la Madre María.

__Cálmate, por favor, cálmate, ¿qué te está sucediendo? Cuéntame, ¿qué te sucede?

__Muy bien, te lo contaré todo algún día, te lo contaré, no lo dudes, ahora tendré que pensar un poco.

__…¡Pero, !Cristy!, ¡mira qué belleza! Jamás pensé, nunca, que el arco iris fuera pista de los dioses. ¡Mira, mira, es Atenea!, ya te lo he dicho, su inteligencia es superior. Mira las carrozas: la número uno a la cabeza, mira ¡qué desfile! Dicen que, aquí, en la tierra hacen un desfile el primer día de cada año. Pero mira éste: sus alados caballos, sacados de La Odisea o, no sé, mira cómo bailan, ¡son las deidades, las más bellas musas! ¿Ves la carroza, los colores, ves quién va tañendo el piano? Va haciendo camino, ¡es ella sin duda!, es la que estuvo aquí, junto al fogón. Ves, fogón querido, hasta dónde alcanza tu luz; eres enemigo de las sombras, gracias por alumbrar este momento, eres un balcón a la eternidad, ¡gracias mi querido fogón!

Las carrozas del cielo.

__Jamás pensé, Cristy, que tendrías oportunidad de ver algo así. Mira, vienen de uno de esos mundos que he conocido, ve la número tres; es la de los dioses, ¡escucha cómo cantan! ¿Has escuchado algo parecido alguna vez? La cuatro, es la de los poetas muertos, ¿puedes imaginarte? Aquí en la tierra, la mayoría no fueron apreciados, pero míralos ahora, están vivitos, ¿cuántos y quiénes vivirán, ahora, de sus obras? ¡Mira el gozo en sus cuerpos! Ahora, son allá, lo que son, y aquí, lo que escribieron. ¡Mira, todo es posible!

La carroza trece: Don Quijote, Calderón y Lope de Vega. ¿Qué diría Cervantes, si viera este espectáculo de su creación, tan bello que tú pintas? Ya lo sospechaba yo, no puedes ver nada, no has hecho uso de tu mente infinita, que es la misma mía y la de todos, no tienes conciencia de tu valor, bueno, quizá…,

__¿Quizá qué?

__!Mira!, Cristy, te digo esto, pero no quiero que lo anotes: ¿cuál razón hay para no ver?, ¿por qué tendríamos que salpicar esta narración con otras lenguas?, ¿por qué Cervantes se tuvo fe?, ¿por qué él y su creación siguen creciendo? Hay que ponerse a pensar, él construyó su grandeza. El Don Quijote es grande y eterno, pero nosotros tardamos casi cuatro siglos para saberlo, ¿conoceremos algún día la profundidad de su verdadero encanto?, ¿quién se atreve?; yo nunca, jamás, ¡por supuesto!, y no hablo de Calderón de la Barca o Lope de Vega; para no agravar las tempestades de la envidia que me carcome. ¡Claro! Cristy, ¿quién soy yo, sino un don nadie? Tienes razón, perdona que lo olvide. Por eso, te lo ruego y te lo repito: no pongas esto, por favor. ¿Qué podrían pensar?, pues, allí están los tres y otros como Quevedo y Góngora, talvez, en el teatro de las carrozas. Oye el golpeteo de los tambores, mira las montañas frente al sol y la tenue lluvia, cómo se cubren con sus blancos velos. La vida es un sueño. Sí.

Se borró ya la pista y la llovizna se ha ido; estarán, talvez, tras la colina, al fondo del cielo. Es la vida, después de la muerte y en otros mundos; es la belleza del alma.

Me dijiste un día que mi narración salta de una orilla a la otra, que, quizá, es negativo o quién sabe. Pero, mira __Cristy__, ya te lo había dicho, estamos navegando sobre las bravas olas, en los mares de Hemingway, ¿lo recordarás?. Ha habido en esta vida mía tsunamis terribles, cuando una ola ataca, debemos sortearla primero y después, volver, y volveremos, Cristy, seremos olas. Puedes estar segura de que todos estos ríos van al mismo mar. ¿Cómo podíamos saber que vendría el desfile del Arco Iris y los lirios blancos, repleto con deidades, bailarines y poetas?, ¿cómo?

__Cristy, has sido hoy, para mí; como una flor marchita, cuando no pudiste ver el espectáculo tan imponente, y es que lo siento de verdad, porque fue mi culpa no regar mi jardín. Fue una delicia aquello, pero bien…, vamos de nuevo con Lara. Él esperó allí, como te lo dije, sobre la hierba. Y, luego de mi descanso, me condujo al encuentro con Judith y Sofía, quienes, a su vez, habían reunido a un grupo de mis viejos amigos y conocidos. La emoción se me pegó al pecho, como un abrazo de soles encendidos. Sequeira, Álvaro, Ruth, Herman, Norman y otros. Ellos se habían ido años atrás. Cada uno me tenía…, el corazón se me derritió por tanto recuerdo, habían sido mis ausencias más queridas y recordadas de tanto tiempo. Entre todos, que uno a uno se reunirían conmigo. Lara, Judith y Sofía se emocionaron hasta las lágrimas, me contagiaron; los otros contuvieron el fuego del amor. Judith sabía que lo de Norman era un secreto de más de veinte años de haberse ido, o, talvez, solamente, habría sido mi ausencia, nada más; pero lo secreto es secreto, por ello, propuso que fuera el azar lo que decidiera cuál sería el orden de las reuniones, y así fue como se hizo.

__Pero, Cristy, ¿de qué hemos estado hablando?, porque cuando uno manda la mirada hasta donde el cielo y la tierra se juntan, entonces, puede ver, claramente, que por allí podría subir hasta las estrellas, sería cuestión de caminar; pero calla, que nadie te escuche, haz como si estuvieras allá en el horizonte y miraras hacia acá. Entonces, estaríamos aquí al borde del cielo, ¿te das cuenta que es solo un pensamiento? A veces así son los problemas, son inventos no muy inteligentes; sigo pensando que es más fácil sentarse a pensar. No obstante, ya te he mostrado los caminos que vienen a mí y te lo digo porque lo sé: María se ocupa de cada uno de nosotros. Sí, Cristy, sabes que he cooperado contigo y lo haré hasta la muerte; te he ido deshilando todo el tejido que ha estado oculto dentro de mí, a veces es cierto: los caminos se cruzan y uno se descompone con la luz de las estrellas, se viene esa carga tan inmensa...

¿Que por qué una cosa y otra, de estas historias mías, me pregunto yo, se van dando juntas o mezcladas? Bueno, porque ese fue mi destino, así estaba marcado mi camino bajo el sol y así es como lo he vivido; no estaba en mí el poder cambiarlo.

...Un caos. Sí, bien lo sabes; en el caos se iniciaron todas las cosas, en el vacío de la nada, donde habitan los dioses, tú lo sabes, Cristy, porque eres un pensamiento de..., eres una..., te amo, Cristy.

Vilma...

Un silencio largo y sin fondo, un abrazo con la admiración de ambos lados. Vilma había sido muerta por un camión en su primero y único viaje a la "civilización", cinco décadas antes, pero igual, para mí fue ayer.

__¿Recuerdas, me dijo, cuando, juntos con Norman, hacíamos casas con techos de las palmeritas aquellas?

__Sí, sí, le dije, allí he compartido con los murciélagos todos estos años.

__¿Ha cambiado mucho aquello? Preguntó ella con nostalgia en el alma.

__Pues sí, no están ustedes, y yo, poco a poco, he ido llenando mi saco de ausencias, pero aún hay palmeritas. Pienso que más temprano que tarde, estaré aquí, también, con ustedes; para gozo de mi corazón que habla, noche a noche, de los cuándos. Fue triste, Vilma, cuando en aquellos amaneceres ya no estaban tus risas o ver el hacha, aquella, pequeñita, abandonada, esperando la habilidad de tus manos ya no tan suaves, para cortar los leños del fogón o los huesos de la carne. Te digo, Vilma, cuando se me quebró el espejo, aquel, media luna, que dejaste en tu cofre, me sentí más solo que nunca y sin una imagen con quien hablar.

__¿Aprendiste a leer; era tu sueño, lo recuerdas? Me preguntó con dulzura en el pensamiento.

__Y sigue siéndolo, le dije sin pensarlo, pero no es tan fácil la cosa, sabes, hay que ir hasta las profundidades del ser de quien escribe, especialmente si es un creador. El lenguaje a veces no alcanza, es como si fuera plano y los pensamientos son multidimensionales, hay que saber rumiar el texto; pero no hagas caso nunca de mí, que a veces lanzo el anzuelo en lo puro árido; todavía sigo en la búsqueda. He dicho que puedo leer los poemas de las montañas, pero es que ellos están allí, son como las flores que se van y vuelven, siempre con sus perfumes de colores.

__¡Ja!, ¡ja!. No, Vilma, no; mi vida se gastó en los quehaceres del búho y del pájaro carpintero, o quizá, si así lo quieres, buscando en las profundidades de la nada. A veces pienso que algo estuve haciendo pero...

__Hasta luego.

Vilma no quiso cerrar. Había guardado, por siempre, el amor para esta tierra y quiso aprovechar la oportunidad para aportar algunos conocimientos allá obtenidos. Me llevó con dulzura e hizo que me sentara con tranquilidad y escuchara con paciencia; luego, me brindó una lección de vida como nunca había recibido yo. Fue muy confortable su actitud y su bondad inundó mi conciencia.

__Yo, Cristy, dejaré de lado lo que mi corazón se guardó para curar sus momentos más tristes o para endulzar sus sueños. No sé cuántas cosas podría decir de todo lo que Vilma me dijo, pero será en mi próxima narración cuando sean dichas, y, ojalá, algo más que pudiera crear; estaré encantado de hacerlo. Será un libro de amores póstumos y poetas invitados... ¡no!, ¡no!; eso será más tarde.

__Pero sí diré __siguió Vilma__, lo que tal vez podría ser útil a la sociedad; todo aquello, dijo, por ejemplo:

__Que hemos sido cada vez más dados a combatir, a sangre y fuego, lo que hace daño a las personas o a la sociedad en general.

Y es clara cuando dice:

__Hay que enfrentarlo, sí, por supuesto, pero con amor y comprensión. ¿Por qué? Porque en su mayoría los males son producto de enfermedades mentales o de desórdenes fisiológicos, como las adicciones. Y, también, por el entorno donde se ha nacido y se vive por necesidad o por circunstancias fuera de nuestro control, lo mismo que por el descuido de la sociedad.

__¿Quiénes son los culpables o quiénes somos?, No contestar, por favor.

__Pues, está claro que nosotros mismos, sin duda __le dije__. Si aceptamos esta certeza, ¿cómo podemos hacer una guerra, que además, es imposible de ganar, porque las guerras no las gana nadie. ¿Cómo podemos causar tantas muertes, por todo el mundo, si sabemos que más bien esto nos llevará al abismo de la locura?

Todo lo dije sin pensar, bajo el peso de las emociones, no sé.

__La respuesta es una, nada más __dijo Vilma__, con la tristeza metida en el alma; la inmensidad del negocio que, para desgracia, a cada batalla ganada mayores son las ganancias de los perdedores, ¿estará la humanidad en un callejón sin salida?

__Pero, Vilma, ¿a qué te has estado refiriendo? ¡Por Dios!

__Pues al narcotráfico, al tráfico de armas, a las guerrillas, etc. No nos hagamos los tontos, sabemos que son raíces del mismo árbol. Creo que todavía hay un saldo grande de conciencia de la buena y de buena voluntad, lo mismo que un poquito de amor, terminó diciendo en la oscuridad de la noche.

__Sí, sí, Vilma, es que todavía tenía la esperanza de estar equivocado, pero no.

Entonces, me fui al rincón de mis recuerdos, a esperar por si alguna luz se encendiera algún día, ojalá, o lo que es lo mismo: Dios quiera.

__Sabes, Cristy, después de escuchar tanta verdad, a mí quiere darme la parranda. No puede ser que nuestro mundo continúe por este camino, y si eso es lo que viene, yo me iré para siempre y enterraré mi corazón hasta que nazca de nuevo en un mundo mejor: en el mundo que quiere María, la divina hacedora, la que inventó el amor verdadero. Es hora del cambio, de que venga el reinado de las mujeres divinas y de las divinas mujeres.

__Cristy, sabes que cuando me voy, volveré. Pero, Vilma no se cansó nunca de hablarme, quería saber todas las cosas de aquí; que por lo demás, ya lo sabes, Cristy, somos harina del mismo costal. Pues fue como ella lo quiso, dije para mí mismo.

__De la misma forma, Cristy, escucharás las otras entrevistas; no podrías nunca imaginar lo que fueron para mí, en especial con Norman, quien es como si siempre hubiese sido mi hermano, un espejo en el que me miré, y cuando lo hice, sentí el dolor que da el tiempo cuando se pierde en el olvido. Sin embargo, sé que allí está la bondad y el amor, la porción que ha guardado para nosotros, por tantos y tantos años, en su corazón, y que saldrán, algún día, con el sol de otro amanecer. Es lo que yo veo cuando me miro en él. Tal vez sea la última entrevista que narre para ti, pues así fue como la suerte lo decidió; tendrás que perdonarme si las emociones suben hasta mis ojos, cuando viva de nuevo aquellos momentos.

__Te lo mencioné antes, Cristy, la muerte es el momento más bello que tiene la vida, si nos olvidamos del nacimiento; es el momento en que se cruza esa pared invisible, en que se siente uno caer al vacío y así, de pronto, nacer y habitar ese otro mundo, maravilloso, de que tanto te he hablado. Está claro que con esto del más allá, hay negocios; creo que lo hemos sabido siempre, pero la duda, esa duda es la que tiene tanto valor de chantaje.

Vuelvo sobre la importancia, tan grande, de tomar un poco de tiempo y ponerse a pensar, si las cosas fueran como dicen estos comerciantes de almas puras y si ellos mismos se lo creyeran, ¿harían lo que hacen? Su dinero, el de usted, es estiércol del demonio; pero a ellos no les importa guardárselo y quedárselo; son unas santas palomas, que Dios los bendiga. Y esto me recuerda las palabras de Lara: "Quien peca por ignorancia, por ignorancia se condena". ¡Ese Lara, de verdad…!

La verdad es que si usted quiere poner su dinerito, que tanto le ha costado, en la alcancía de San Antonio de Padua, que es mi santo, póngalo allí, nunca faltará quien lo rescate.

Herman

Mi relación con Herman fue en realidad muy corta. Era casi tan iletrado como yo; sin embargo, después de tantos años allá, con la excelencia de sus maestros, pudo mostrarme muchas cosas nuevas. Su mente está clara y sabe que allí también está de paso, que siempre hay un más allá; no hay prejuicios en él, ni arrastra creencias o supersticiones. Piensa que lo que no tiene explicación allí, para él, la tendrá algún día, más allá y que no es cuestión de inventar eso que llaman dogmas. He aprendido aquí, cosas que nunca soñé allá; en realidad, allá en la tierra, jamás, nunca soñé nada, dijo, y guardó un silencio que, junto con su mirada perdida, parecían deshojar un poco de nostalgia. De pronto, como si recordara algo más grato, se volvió y mirándome de frente, mientras yo no salía del asombro, me dijo:

__Si no deseas venirte ya, puedes sanar.

__Pero, ¿cómo si no he dicho que no estoy sano?

__Pero es que no lo estás, según tu propio proceder, y tampoco has cumplido lo que marca tu reloj biológico, te repito que puedes sanar.

__No es fácil__, le dije sin pensarlo.

__Puedes hacerlo, solo tendrás que tomar una decisión, lo único que necesitas es reconocer tu problema.

__Pues, mira, Cristy, yo no sabía qué pensar. ¿Cómo es que también allá se meten con tus problemas personales?; sin embargo, sentía que no cabía en ninguna parte y pensé…, estuve por allí dándole vueltas al asunto y no pude resistir; volví donde él y le dije:

__Pero, mira, Herman, ¿cómo es posible si son: el corazón, el hígado y los viajes a París?

__Están solo en tu mente; piénsalo, quítalos de allí, que el suicidio es castigado y muy duro__, me dijo casi con tristeza.

__¿Entonces, esos millones que se gastan en medicina, para qué?__, le pregunté.

__Bueno__, dijo, podrían gastarse en cualquier otro disparate y no darse el lujo de estar viviendo el dolor. Talvez eso sí, un cinco por ciento podría justificarse con lo de los viajes a París, lo demás son camarones a la Dulcinea, y no me refiero a la profilaxis que es lo más inteligente, terminó diciendo.

Bueno creo que Herman exageró, pero, no tanto como para que amerite cambiar de plato.

__¿Te imaginas aquella situación? Todavía estoy masticándola. Pero, Cristy, no te pongas así, si de inicio me dijiste, claramente, que te narrara todo sin dejarme nada y eso es lo que he estado haciendo, tengo que decirte que tampoco agrego una palabra, pues sería mi tristeza. Las cosas no siempre son como uno quisiera, a veces tienen una larga y otra corta, dice Lara, en una de sus canciones, que es el eco de lo que canta quien te dice la verdad. ¿Cómo podría yo coordinar esto, a la manera en que lo hace un escritor de verdad?, si mi vida anduvo de tropiezo en tropiezo, y no es una justificación para nada, es solo un dolorcillo en el alma, aquí al lado de la bendita envidia. Te lo contaré todo, como fue, no de la manera en que me habría gustado que fuera.

__Perdóname, Cristy, sabes que también he sido ave que vuela en la oscuridad de la noche. Que mi sombra se oculta en las colinas, aunque nunca pude escribirla, pero está guardada, también, en los intersticios de esta canción.

__Es que no he dicho nada. ¡Ah!, pero lo tenías oculto en tu sonrisa; sabes bien que puedo ver a través de la amargura.

Sequeira..

Su humildad transparente de campesino y su sombrero blanco de alas anchas no se enteraron nunca del cambio de mundos. Un día, se acostó, en su hamaca de las siestas y su vida lo abandonó; pero..., y en esto un pero hace la diferencia, hay algo a lo que debemos poner gran atención, puesto que desde aquí, quienes seguimos disfrutando de este modelo de cuerpo en particular, no podemos advertir lo que allá sí. Resulta que lo que nosotros damos por perdido cuando vemos, en la caja, lo que ha quedado de alguien, siendo despedido por sus familiares y mejores amigos, es su vida; la de él o de ella. Pues, repito, que a la vuelta, o sea allá, tal vez del otro lado de la pared de don Albert Einstein (aunque se me hace que este universo es como el estómago de un bovino, solo que un poquito más complejo, está lleno de compartimentos), allá, repito, es todo lo contrario, es más bien que el paciente dejó su carapacho, lo abandonó, lo dejó aquí, al cuerpo ese, que antes podía bailar, el de carne y de huesos, el que pudo usar la máscara, ¿lo recuerdan?, o lo que es lo mismo: el paciente dejó aquí la corbata y se pintó; como esos creadores de financieras, que ni rastro.

__Pero hay otros cuerpos __dijo Sequeira__, entre ellos, lo que llamamos el alma. ¿Ha partido usted alguna vez una cebolla? Seguramente que sí, bueno, pues el bulbo consta de una serie de bases de hojas bien cerradas y debajo de cada una hay una piel fina y protectora que usted puede quitarle con la uña; pues bien, podemos decir que esa es el alma de la cebolla, solo que es vegetal, puede verse a simple vista y muere sin pena ni gloria. Sabemos bien que las comparaciones, además de ser desagradables, tampoco pueden evitarse, si queremos formarnos una idea de lo que nos interesa de verdad. Pues bien, nuestra alma es un cuerpo más, como el de la cebolla, pero con características de vida eterna, indestructible. Talvez adherida al cuerpo cuántico, ¿quién sabe?, pero por ahí está y no podemos verla; en ocasiones hasta nos duele o sentimos grandes penas, decepciones o alegrías en ella.

__Cristy, después de escuchar todas estas cosas que Sequeira, muy atento, me explicaba le indiqué algunos detalles que me parecían un poco extraños o fuera de lugar; entonces me sorprendió, pues dijo:

__!Oh, no!, ¡no! __y por primera vez lo miré sonreír__. Es que no has comprendido que allá, en la tierra, hay muchas personas que tienen alma de cebolla y me habló tanto de su estructura de "O" blanca, roja o morada, del sabor y de su picante olor, del que mis lágrimas no pudieron nunca escapar.

e repente, me habló, también, de esa virtud tan difícil, que es la humildad y me picó el alma.

__Es bueno ser humilde __dijo__ porque así jamás podrás ser humillado.

__Y eso ¿cómo puede ser? __le pregunté con una burla en mi corazón.

__¿Puedes cerrar esa puerta, por favor?__ me interrogó.

__¡Pero si está cerrada!__ le dije.

__Bueno, entonces, ¿cómo podrías humillar a un ser cuya humildad le caracteriza?, ¿te das cuenta?

__Es bueno, entonces ser humilde__, le dije.

__No, no es tan fácil tampoco, ¿recuerdas las palabras de Platón?: "El hombre que no defiende sus ideas, o no valen las ideas o no vale el hombre". Hay una contradicción, me apresuré, pensando que había ganado la primera rueda.

__Todavía no; amigo mío; debes pensar; será, seguramente, una buena costumbre.

__Confieso, Cristy, que no encontraba la salida, ¿sería que...? Pero, él siguió allí.

Largo rato nos acompañó la nada. Después vinieron las nostalgias de por qué no fue posible esto o aquello, luego de tantas luchas. Él con sus amores de colegial…, y yo con mi soledad de lágrimas y de murciélagos. De vez en cuando, un recuerdo saltaba entre nosotros; pero él el suyo, y yo la envidia entre mis dientes. Así transcurrió un tramo de nuestro tiempo. Una vez más, Cristy, supe el significado de su existencia. Recorrí de nuevo el jardín de nuestras vidas y en honor a ello, me guardé la prenda. No dije nada, por supuesto.

No puedo dejar de recordar aquel mundo de belleza y de paz; hay alegría allí y gozo; pero aun así se siente la noche de tu ausencia.

Hay algo que ha bailado desde hace tiempo en mi mente. Siento un respeto muy grande por la ciencia; pienso que la ciencia talvez sea la actividad humana más importante; pero las evidencias que he encontrado en estos viajes míos pesan tanto dentro de mí, que ya no dudo que las teorías de Einstein o de quién sean, y que otros físicos posteriores han apoyado, no son totalmente correctas, me refiero, por ejemplo, al Big Bang. Sí, pudo ser, pero ello no fue el inicio de todo, sino más bien un incidente como otros; esta teoría es, no más, el primer vistazo al traspatio; tengo razones para pensar así, no de carácter científico, ¡por supuesto!, sino más bien a partir de observaciones.

De todos modos, en mi filosofía del Punto Cero he aprendido a dar prioridad a lo humano, al ser. El ser consciente de lo que somos y de nuestras capacidades inmanentes, innatas, es esencial para vivir y ser felices; no hace falta nada más.   ¿Recuerdas aquello de las neuronas espejo?; ellas aumentan la precisión de nuestras percepciones. Pero bueno, dejémonos de pasos laterales, que esto es científico, no es una flor en el jardín. Puedo afirmar, sin dudas en el camino, que existen universos anteriores y aun posteriores al nuestro. Pero también, hay universos paralelos y de éstos estoy para jurarlo. También, los hay que han entrado en reversa y se dirigen a su desaparición total. Podrán decirme que es contradictorio, porque universo significa, lo que significa. Bueno, si es así, volvamos al estómago de la vaca: son compartimentos que no han sido descubiertos por la ciencia y la tecnología, está bien. No tengo fuerzas para sostenerlo, pero ahí están, y lo digo con todo respeto; pero también con responsabilidad y seriedad; ahí está eso, nadie lo va quitar. Si el tiempo me diera la oportunidad de dictar el próximo libro, que por lo demás ya existe; entonces, habrá más detalles. De todos modos, repito, allí estará hasta que alguien, con licencia, lo descubra. La licencia es un cartón oficial, valiosísimo y digno de todo respeto, que debe tenerse a la vista en la oficina o donde se trabaja: da fe del saber y confianza en lo que se dice y se hace. Así, el tema de que trata tendrá el valor debido.

_Bueno, esto último, Cristy, es solo una reflexión mía, no debes ocuparte de ello. Bien, también debemos recordar que hay quienes creen única y solamente en ellos mismos, que no valen documentos ni seres humanos, y que los demás deberíamos ser verdes, incondicionales y comer lo que les sobra a las pavas. Es algo como que algunos deberíamos comer hambre, para que ellos y sus descendientes puedan vivir tranquilos. Recordar el equilibrio, por favor. Ello, ¡por supuesto!, es muy importante. Todo el problema está en que yo no tengo ni oficina, ni cartón, ni nada. Así que mis afirmaciones no tienen el valor ni la fe de nada; pero lo que he visto estará allí, esperando.

¡Por supuesto!, hay también muchas cosas que no puedo entender por más que las viva, por ejemplo: el tiempo, no lo entiendo, no sé cómo puedo estar allá sin que transcurra, es como si estuviera fuera de él, porque regreso y aquí, no ha pasado nada. Pero le he dado tanta vuelta a este asunto que ya no puedo más. En realidad, ¿para qué?, si aquí nada cambiará para mí. Allá me lo han explicado; pero hay cosas que mi cerebrito no resiste, no caben en él. Pienso que en aquellos mundos, o será, talvez, en otras dimensiones, el tiempo y el espacio son la misma cosa. Pero si continúo pensándolo, la idea se va haciendo más ancha, más larga, más alta y mucho más profunda; se va convirtiendo en un misterio insondable. Sin embargo, tiene muchas ventanas que dan a inexplicables aposentos diferentes y siguen hasta ¿quién sabe? Y esa cosa infinita toma forma de "0", CERO, en mi mente, hasta allí llega mi pensamiento. Punto. Aunque sea ya sin pensamiento, sigo esa senda, la que me lleva al Punto Cero, y me pierdo en su laberinto de dimensiones; creo yo que la topología no lo ha considerado, ¿qué se yo?, esa misma derrota es la que me conduce, una y otra vez, al Punto Cero. Esto no es algo negativo, todo lo contrario; este Punto Cero es, verdaderamente, el Universo y allí…, bueno, nada que ver, no funcionaría la teoría de la relatividad. Pero no teman por Einstein; él ya no se pierde en ese laberinto, ya encontraremos, más allá, sus nuevas teorías y sus avances sobre los pensamientos de Dios, que, he de repetir, más bien Dios es un pensamiento. Sí; ¡Dios es un pensamiento! No lo dude.

___¡Sí!, tal vez, porque de repente estoy aquí y también allá, ¿cómo puedo?, Cristy. ¿Crees que debo hablar de esto? A veces veo una luz dentro de mí, que no se apaga nunca y viajo, Cristy, y duermo. En ocasiones, estamos allí, en medio de la selva, donde el quetzal trata de esconder su belleza o escuchamos el río en su tragedia, cuando cae entre las piedras; mientras allá, en el cielo, soy llanero del llano y pienso en la próxima entrevista con una diosa.

Ya viene un ángel.

… ya viene un ángel, con su espada, ¡y viene anunciando la venida de su Diosa! Es la diva, sí, la que estuvo aquí, es locura, Cristy, como la mía; pero es también belleza y misterio de diosa. Ya viene y mi corazón está luchando; no es fácil la llama de sus ojos; trae también el ritmo de su cuerpo; no hay compasión en su caminar, la alfombra resiste ya sus pasos y las flores caen vencidas a sus pies, ¡ya viene!, ¡es terrible!, ¡es una diosa!, ¡ha venido!

¡Una sonrisa, sí! Ella recuerda mi canto y yo mi oreja clavada en la pared, se da cuenta y me besa. Caigo a sus pies, desmayado entre las flores; ella me levanta y me deja ver la miel de sus ojos, Cristy, has estudiado a Freud y a Lacan, ¿Quiénes son ellos? …¡y yo!, ¿quién soy?.

___Divinidad del cielo, ¿Qué he hecho, qué puedo hacer por ti? Has abierto una senda sin horizonte en mi vida, ¿cuál razón tuviste para ser así? Perdona, Diva de este cielo, mis emociones y déjame besar tus manos de seda. Una conciencia nueva ha caído sobre mí; es suprema y mi alma está feliz __le dije confundido__, ¿qué has hecho de mí?

__Nada, no ha sido nada, es solo que tu conciencia saltó de pronto a la verdad. Piénsalo, no olvides nunca pensar con una meta, conseguir algo que trascienda el mundo cotidiano; no te amarres a las cosas, que siempre quedarán atrás, a menos que desees morir con ellas, ser inútil, ser nada; como esos profetas de pacotilla que han dado en reventar ahora, son nada, porque solo hacen daño. Piensa…, piensa me dijo.

Me perdí en el cielo, no supe más; cuando volví ya estaba sola su ausencia. Me dejó tanto qué admirar en aquel teatro sin fronteras, que alejó, más aún, de mí los horizontes atravesados.

Pero, ambos fuimos vistos por los ángeles guardianes; mirábamos más allá de la montaña, más allá del horizonte de los acontecimientos, donde descansan los dioses. Y nuestros ojos recorrieron la otra orilla, cuya belleza ha quedado sin palabras, pero hay música que habla, se oye de caricias que susurran las estrellas y nos dicen que el hombre, el ser humano, alcanzará, algún día, la conciencia de la infinitud de su mente, de su propia infinitud. Porque esta cualidad es inmanente al ser humano.

Entonces, recorrimos ambos el mismo pensamiento, llevados por la luz de un amor etéreo.

Así fue como decidimos estar allí. Y allí estará siempre nuestro cielo.

__Pero, ¿no crees que en algunos casos hay contradicciones en tu narración?

__Claro que las hay, Cristy, por María, madre de todo lo hecho, aquí, en esta chocita así lo vemos, así como hemos creído que la vida muere. Hay tantas cosas, Cristy, en que nuestro lenguaje se ríe de nosotros; no nos permite explicarnos, es plano: pero los hechos no. No te dejes engañar, Cristy, ya lo entenderás algún día, así es la vida. De todos modos, seguiré aferrándome a la promesa de narrarte los hechos, tal cual. Me habría gustado no perder el hilo de Ariadna. Si lo perdí, es porque también me perdí en el proceso de vivir; pero él no me ha perdido a mí. La vida, Cristy, es un arte, no solo puede gozarse a cada paso, hay que ir siempre adelante, hay que caminar sobre las llamas del puente. La vida no se acaba, sigue como el río que se va, pero está ahí siempre, ¿te das cuenta cómo es...? Es un juego, es lúdica. Es un fuego que puede quemar, pero también puede alumbrar nuestro camino, depende de quién la disfrute, ¿Entiendes?, Cristy. !Es un fuego que llena de luz nuestra alma...!

Fue así como aquella diva me mostró un camino nuevo: el sendero de los dioses. Solo he de encender, allá, mi existencia; no tengo que luchar contra paredes ni contra el horizonte de los acontecimientos.

__¿Te das cuenta, Cristy?, cómo no hay luchas, mentiras ni verdades, solo hay los límites que queramos imponernos a nosotros mismos. Las luchas son tontas y solo producen derrotas. Mira, por ejemplo, la lucha casi mundial contra las drogas, cada batalla que se gana produce una nueva cosecha, más buena y más cara, y los mejores precios hacen florecer el negocio; alcanza incluso, para hacer promociones entre los niños, en escuelas y colegios; el negocio lo paga todo. Los que van a las cárceles o mueren, no son más que burros. Los dueños del dinero están infiltrados en los gobiernos o en las piscinas. Esto no sería posible si las drogas circularan libres; además, no tendrían, tampoco, las dichosas drogas, la delicia fatal de lo prohibido. No tendría nadie que jugarse la vida contra la ley ni contra nadie, ¿para qué?, hasta podría pasar la moda, ¿a quién le interesaría? ¡Claro!, vendría un gran problema: ¿Quién financiaría las guerrillas? La venta de armas se iría a pique y los bancos... ¡No!, ¡no por Dios!, ¡no!. Mejor que siga la fiesta, solo habría que ver: así como están las cosas, ¡qué rico bailan!, ¿qué importan los muertos, ¿qué importa la vida? ¿A quién le importan unos pocos homicidios que cada minuto ocurren en el mundo? Póngase a pensar, no sea tonto. ¿Qué importa que las cárceles estén llenas? ¿qué importa todo eso?, ¿qué importa nada, si hay quienes engordan? Además, ¿quién aguantaría los saltos de algunos angelitos despotricando y las iglesias repicando; ¿acaso, Dios, pregunta de dónde viene la lana? Amén. Y esto me recuerda las andanzas de Lara en su vida anterior.

Hoy, miércoles, nazco de nuevo, es un renacer en el conocimiento de mi mismo, es el reconocer a Dios en la extensión de nuestra conciencia; que me perdone Kierkergaard, no es solo un salto de fe, es nuestra propia conciencia...

__Hola, Cristy, estuve allí, en la colina, pensé en el cielo, al otro lado de la vida y...

__Un momento, por favor, hay un señor esperándolo... el señor Auguste Dupín, dice que desea hablar con usted, ¿lo paso?

__Sí. ¡Ja, ja!. ¿Qué hace él en la selva? Pásalo.

__Hola, señor Dupín, he oído hablar de usted. ¿Cómo está? ¿Y qué sabe del señor Allan?.

__¡Hola!, es solo que necesito hablar con usted.

Mientras él lanzaba el cigarrillo acabado de encender, yo trataba de controlar un temblor en mis rodillas.

__Será un placer atenderlo, señor Dupín. Bueno creo que aquí no ha pasado nada, ¿es verdad? ¡Claro que no!, señor Dupín. Bueno; bueno, sí, señor Dupin, creo que ahora lo recuerdo: un día o más bien, una tarde, cuando venía del rosario, unos malandrines lanzaron dentro del malacate, algunos cadáveres; pero eso...,

__Y, ¿dónde está ese pozo negro?

__¡Ah...! ¿El malacate?, el malacate fue olvidado, lo que ocurre siempre, en este mundo todo se olvida. Después cada quien escribe la historia de la manera que le parece más cómoda para sus intereses.

__No siempre, no siempre es así, señor..., bien aquí están la señorita Cristy y usted, ¿es así?

__Así es señor Dupin.

__Ha sido un placer, espero verlos en fecha próxima, hasta luego.

Mi temblor nunca se fue, parecía haberse quedado para siempre.

__¿Por qué deberíamos estar los dos aquí en fecha próxima? ¿Cuáles son sus sospechas y quién es él?

__Pues, no lo sé, pero tú deberías saberlo, creo que es un gran analista, no se le va ni una mosca.

__Me parece que anda detrás de algo gordo, él nunca pierde el tiempo, como no sea en fumar o pensar.

...Por cierto, anoche estuve pensando.

__Cristy, ¿sabes? Me ha sido muy difícil aceptarlo, pero hay algo que debería buscar dentro de mí, talvez puedas ayudarme. Cuando te narraba, ayer, el encuentro con la Musa de grandes ojos, recordé algo que una vez le escuché decir y que nunca supe comprender. Ella me dijo: "Solo tienes que encender tu existencia aquí". Hay algo en esto que me hace viajar a las profundidades de mí mismo. Cuando me echo a la sombra de ese quizarrá, para escuchar a W. A. Mozart o a Mendelssohn, ensimismado, me encuentro, de pronto, en uno de los tantos mundos que hay habitados, inteligentes y, en su mayoría, más desarrollados que nosotros los terrícolas. Y todo esto al otro lado del horizonte de los acontecimientos; entonces, pensé en esa cosa que llaman el síndrome de personalidad múltiple, pero mi conclusión ha sido que fuere lo que fuere, no le quita lo fascinante ni mucho menos lo real. Ahora lo sé, Cristy, la diva me dijo: "Solo enciendes tu existencia aquí o donde quieras y podrás..." o puede que me lo haya dicho de este modo: "Solo tenéis que encender tu existencia aquí y así podréis disfrutar las bellezas del universo". No sé de qué forma me lo dijo, pero me lo dijo. Tú sabes,

Cristy, que ese lenguaje no viene a la sombra del quizarrá, ni menos a mí; en fin, sé que sabrás comprender lo que quiero decirte.

__Hay dos cosas que me pregunto__dijo Cristy__. Primero: ¿Cómo es posible eso de que puedes encender tu existencia donde se te ocurra y ya?

__Es la conciencia, tú no estás encerrada en ese cuerpo por bello que es, tu "yo" es tu conciencia y tu conciencia está dentro de ti, pero también fuera, allí es donde tu "yo" se expande hasta donde tú quieras, solo puede ser limitado por tus prejuicios, ya te lo he dicho. La conciencia de que nuestra mente es la misma mente del Uno o de Dios, si te parece mejor y si tenemos conciencia de ello, entonces, sabremos que la mente es como un pozo infinito del que podemos hacer uso sin límite, por tanto, también somos pensamientos del Uno, pero no cualquier pensamiento. Somos seres con cierto grado de inteligencia, y digo con cierto grado de inteligencia, porque hay otros seres, en el universo, con inteligencias superiores; talvez porque sus cerebros son, por milenios o millones de años, más viejos que los nuestros. Ellos disfrutan, ¡por supuesto!, en mayor grado, del potencial tan grande de dicho pozo, al que cada uno de nosotros está conectado.

Somos parte del todo, estamos unidos por una sola mente, estamos aquí o allá. Puesto que nuestra mente está en cualquier parte, en todo lugar, estamos conscientes del aquí y del ahora. Lo mismo podríamos estar en aquel paraje cósmico, donde habitan los dioses. Te das cuenta: asumo otro mundo, cualquiera y me hago presente allí, no hay barreras para un pensamiento. Yo tampoco lo entendía __Cristy__, no es fácil; por ello, no puedo juzgar a quienes construyen naves espaciales o complejos artefactos, con la idea firme de viajar a otros planetas; ya lo dije antes: "Cada quién con su escalera y cada uno con su conciencia". Pero podríamos repetir la siguiente oración: "Ayúdame, Padre, a conquistarme a mí mismo" Esto lo leí o lo escuché en algún recodo del camino. ¿Cuál era tu otra pregunta?

__¿Cómo puedes escuchar música, así nada más, de dónde sale?

__Pues, mira, sale de ti misma. Si la has masticado, si la has digerido, pues allí está, en tu sangre, en tu conciencia; es otra cosa curiosa y feliz, solo te sientas y escuchas, nada más, inténtalo, lo hemos dicho ya: la mente es prodigiosa; recuérdalo, es potencia intelectual del alma, pero mucho más. Está aquí o en el teatro de la ópera, ¿entiendes ahora?, es otra de esas cosas que nos falta entender. Solo podrá interrumpirte el llanto de tu silencio o el coro de tus ángeles en el cielo. Inténtalo.

Pero ¿te das cuenta?, Cristy, lo que significa todo esto, puedes encender tu conciencia aquí o donde tú quieras, si es en un lugar de tu propia conciencia, piénsalo bien, y así lo comprenderás sin mayor dificultad, no hay nada oculto. Es hacerte consciente allá, donde quieras ir, te lo repito, piénsalo. Es fascinante, siento aquí, en mi pecho, la euforia; es grandioso, puedo estar donde quiera sin esperar a morir. ¿Qué te parece?, aunque ya he muerto otras veces. ¡Esa Diosa del piano ha hecho de mi vida un poema, qué gracia infinita! Solo tengo que encender mi existencia allí, donde sea que quiera sentir mi presencia y allí estaré.

__¿Pero cómo?

__Es un pensamiento, Cristy, que se materializa allá donde se haya puesto, es sencillamente fascinante, ¿no crees? Piensa en lo que habría sido para mí haberlo entendido años atrás. Sin embargo, fueron necesarios años de soledad y de silencio para alcanzar estos conocimientos, para conocer mis propias facultades y, en último término, conocerme a mí mismo. No sé las conclusiones que puedas sacar de todo esto, pero espero, con el corazón abierto, que puedas comprenderlo, o al menos sabrás que son, solamente, imágenes incomprendidas, modos de mirarme, lo que para mí es prenda de gloria.

Debo aclarar, para que no nos confundamos, que aquel viaje cuántico, por decirlo de alguna manera, fue algo excepcional, fue una mirada hacia el futuro no muy lejano, que estará ahí, esperándonos en lo infinito de nuestra conciencia. Este no es el caso de mi tío Rubén o de

Lara, ni de otros, quienes ya se han ido. Ellos están aquí, tras el telón, un poquito más allá de nuestros ojos. Talvez estén ahora conteniendo el deseo de hacernos cosquillitas en los pies, ¿recuerdas lo de la vibración musical? Esos son otros mundos reales, creados por nuestra propia inteligencia, están aquí mismo pero no podemos verlos; son dones dados a nosotros por nuestra Madre María, la que gobierna todo el universo, lo demás es asunto de andantes caballeros. Que quede claro.

De verdad pienso que el silencio y la soledad son buenos consejeros.

Deseo aquí, hacer una reflexión y, talvez, tomarnos un descanso, ¿te parece?

__¿Sabes?, Cristy, todo esto ha sido excelente, pero he notado que mi relación con el idioma, ha ido adquiriendo rigidez y esto no me gusta.

__¿Qué quieres decir?

__Quiero decir que, últimamente, en cada página, en cada párrafo que te voy dictando, mi lenguaje va perdiendo plasticidad, (en el supuesto que la haya tenido), el encanto de estas cosas; creo yo, es la flexibilidad del lenguaje, ¿entiendes? Que tú puedas masticarlo, digerirlo y tomarlo como a un amor correspondido, ¿te imaginas? Siempre soñé con aprender a leer y luego que me leyeran a mí. Ahora, espero despertar.

__Otro tema, Cristy. Hace rato no dedico unos pensamientos a esta mi chocita de colgantes de murciélagos, que está tan lejos de allá como allá de aquí, ¿te das cuenta? La justicia me ha llamado y he de hacer inventario de los sucesos aquí guardados. __¿Cuántas noches he llorado en tu silencio, cuántos diálogos he sostenido aquí, con tus murciélagos, cuánto amor has visto desfallecer en tus noches de soledad? ¿Cuántos sueños de cantos con visiones y desengaños han hecho, aquí, sus agostos y sus diciembres?

Seguramente, recordarás aquel día en que una vieja santa se presentó en tu puerta vacía, con un cuerpecito de tristeza enrollado en puro amor; les diste abrigo a él y a su madre. Solo tú sabes los misterios guardados en tus sombras, te he visto luchar por las noches, con el viento y con las lluvias, no fuiste vencida nunca. Podría, talvez, repasar los años en que me guardaste en tu calor. Has escrito, dentro de mí, la historia de una poesía y en la sombra de tu techo, has guardado la prosa de mis olvidos.

Te dedico, de todos modos, el océano de mis riquezas y te abrazo en cada astillón de tu pared, en cada noche de tu silencio, con el mismo amor que le has guardado a mis sueños.

Norman…

El encuentro con Norman fue…, bueno, al verme esbozó una sonrisa, tuvo un sentimiento en la nariz y en una de sus orejas; luego, los quitó con su mano izquierda, ¡una especie de masaje!, me dijo algo; estoy seguro que significaba su alegría, aunque no capté su pensamiento. Cuando le di el abrazo, susurró algo más, como interrogando a los años: tampoco entendí las palabras, pero sí su gesto; semiótica pura. Dejó en blanco la página siguiente, pero estaba levando anclas, se rascó de nuevo la cabeza; creo que al final logró lo que se proponía, aunque no dijo nada. De pronto, se puso transparente y su corazón se llenó de cariño y de cielo para todos, no había reclamos de nada, solo deseaba comprensión; eso sí, había que verlo. Caminamos juntos, como en otros tiempos y deshojamos los mismos pensamientos. Poco a poco, nos fuimos encontrando y nuestras mentes coincidieron sobre el tejido de los tiempos, me vi en él y lo comprendí. Jacques Rousseau, en una ocasión, se sintió también unido a todas las cosas, había traslapado su mente con la mente cósmica, eran la misma mente, (esto ya lo vimos), siempre ha sido así. Esa es la historia. De ese modo, Norman y yo logramos navegar de nuevo en la misma nave y gozamos mucho, él en sí mismo y yo en el aire libre. Y nos hundimos en el vacío, donde surgen los pensamientos de la Diosa María, donde se construye el universo. Supe con alegría que nos ama a todos, que guarda sus recuerdos en el alma y que algún día despertará.

La quema del amor.

__Una vez más, Cristy, un gran silencio se apoderó de mí. Las olas se encresparon y pusieron señales de alarma, no alcanzaron los ruegos de nadie; las almas en penas, las que no conocieron nunca la compasión a nada ni a nadie, invadieron, con banderas rojas, las playas. De repente, mis yates navegaban en el caos del mismo infierno, resistí la venganza de los dioses y ordené la quema del amor. No faltó el humo de las maldiciones, hasta que la noche, en un oscuro proceder, canceló las estrellas y en su larga soledad murieron las armas desgraciadas. Y aquellas almas volvieron sobre las penas del olvido. Así regresó la calma, cabalgando en la arena…

Las máscaras de Merlyn.

__¡Oye, Cristy!, esto vale. Mira cómo bailan, ¿no ves que acabo de encontrar la receta de las máscaras de Merlyn? Es una paella posmoderna, pero, ¡qué bien!, te prometo que vas a raspar la olla. ¡Mírala no más! Aunque yo creía que llevaba arroz, pero, bueno, arroz todos los días comemos y perdónenme los que no. Lo mío es más bien un arroz con mango, pero yo le agregaría unas cascaritas de Savater, aunque ya no están tan verdes, allí están. No copio la receta, que por dicha venía envolviendo el jabón, por aquello de los derechos del autor. Todo esto, claro está, en el desgraciado caso de su mala suerte y que estas páginas cayeran en su poder, desde ya le ofrezco disculpas. Es de cuidado el refrito y no digo el nombre completo para que no se contamine con luciérnagas de París. Si padece de mucha azúcar, le caerá como a la medida; no olvides usar el sombrero de Gaspar. Punto Cero. Y aparte __Cristy__, para cambiar el tono rosado de las rosas, te confieso que a mí me simpatiza el marxismo, pero como el de Neruda: con casita de recreo junto al mar y pies en la ventana; haría yo un poema de amor en el cielo, ¡Madre mía, qué belleza!

__Cristy…

Después de esta impensada caminata, por la calle de la amargura, ¿no será bueno tomar la medicina?

__¿Cuál?, ¿es que acaso tomas alguna?

__Sí, tomo el camino de la montaña, y bajo los árboles más altos, convoco, entre otros, al gran maestro Kung, él nos enseña cómo cultivar la paz entre los hombres y nosotros le mostramos cuántos siglos han pasado sin que sus sueños se hagan realidad. Allí, me da la paz de sus milenios y la esperanza de que la humanidad podrá ser, algún día, como aquel árbol que nos da su sombra sin pedir nada a cambio.

__Cristy, espera... hay un llamado en mi corazón, no puedo evitarlo. Si por alguna fuerza mayor no volviera, cierra así esta pobre canción. Pero solo pienso en volver para que podamos pasar, completas, las entrevistas y lo demás, habrá entonces algo más como producto de este viaje. Iré al mundo de Lara y de Judith; son ellos, Cristy, quienes me llaman.

Zaratustra.

__Hay algo, Cristy, en Zaratustra, que no se cocina, habrá que agregarle una pizca de Nietzsche.

__!La tengo!, ¡la tengo!, Cristy, talvez se haya quedado dormido bajo la higuera. Ya me contarás el sabor de mi ausencia, y yo te traeré nuevas luces de aquella otra parte de mi conciencia. Ahora, deja que me inunde el amor, pues es el pasaporte a ese otro mundo. Si no vuelvo, haz de esto un pastel y ponlo bien puesto en mí libro del arte. Ponlo a vender y no dejes que se apague la vela.

Pero antes de irme quisiera decirte: no temas jamás a la muerte, que es el puro comienzo de la libertad de la vida y no compres nunca tu salvación, ¿quién la vende, quién, si no es un ladrón?..., en el nombre de Dios.

Allá, atravesada en el camino de la montaña encontré, sobre una roca, la tristeza de Zaratustra. Al cuestionarle sobre la razón de su paupérrimo estado. ¿Qué si había en su casa algún huésped maligno?

__No, mi tristeza viene de muy lejos, dijo, desde una vida anterior, pues allá me han reinventado, han cambiado mi historia.

__Cristy. ¿Qué podía yo hacer ante aquella tristeza tan grande? Me fui por la calle de la amargura; pero allí solo podía escuchar a los doctores, obnubilados por el saber y la cerveza. No, por aquel camino de huecos y de dudas no conseguiría nada, y conste que no me refiero a calle alguna en particular, solo caminaba entre los peros que pone la vida. Mi ignorancia salió como la espada, aquella, de Damocles, que pendía sobre mi cabeza como un pasado inútil y sin alimentos para el alma; pero no podía dejar yo aquella tristeza tirada. Solo pensé, mi querida Cristy, en un Zoroastro, como un pedacito de espejo en el que, él mismo, pudiera mirarse sin sentirse ajeno, que no se viera arrastrado por tontos pensamientos. Sí, Cristy, así le hablé:

__Lo que ha ocurrido __le dije, con mucho cuidado y a modo de preámbulo__, es que Nietzsche es un creador incomprendido, como la mayoría de los creadores y la mente no alcanza todavía, en aquel mundo, para entender que hay quienes están un paso adelante, igual sucedió contigo.

Mientras, mi querida Cristy, escuchaba en el palpitar de mi corazón un susto indescriptible, pues solo tenía un rayo de luz, más el espíritu de Alejandro Magno, quien por cierto, y en medio de toda ignorancia, destruyó buena parte de su magnífica obra. Y seguí, Cristy, con él. Pero también hay quienes hemos aprendido le dije, de las gathas, parte de sus obras, sobre el triunfo del bien sobre el mal, por la exaltación de la dignidad del trabajo y el amor a la verdad. Hasta que Vohu Mano te llevó al ceno de la divinidad suprema. Nadie puede esconderse en Persia. Sabemos, también, que Friedrich Nietzsche solo usó su nombre para enaltecer su obra maestra, la de él, ¡por supuesto!, o lo que es lo mismo, consideró la dignidad de su nombre.

Un rayo de luz cayó sobre la roca vacía. Se había ido con su dignidad de reformador y de sabio. No habló Zaratustra, fue un sueño de Nietzsche. Estas son, dijo Judith, las características del espíritu humano. ¿Cómo puedo entenderlo?

__... No mamá, fue un acto en el que no medité, no pensé nunca, solo sentí un amor de ese que llega al alma..., tú sabes que mi maldad no alcanza para tanto. Ellos no han encontrado el crimen, ni mucho menos, la víctima. No, no es extraño mamá, no ves que todavía el hecho no se ha consumado, solo está en proceso. Pues, mira, que eso es lo más triste, la victima sigue allí y ni ella misma lo ha sospechado nunca; es para mí una amargura permanente, en realidad, más bien, una tortura, pero no tiene reversa.   ...sí mamá, es inexplicable, pero también es muy real.

__Ya te lo dije: ¿Quién podría ser si no ella? Me ha acompañado los últimos años, ella es quien le pone cierta dulzura a esta narración, ella ha detenido el avance mío hacia el abismo total; logró persuadirme cuando me encontró sentado, por muchos días y noches, allá en la llanura, esperando quedar debajo de la tierra para arrojarme al espacio, pudo haber sido terrible aquello, pero ella lo evitó. Lo que sucede es que, en este momento, estoy como aquel presidente a quien expulsaron de su gobierno: que, si vuelve, pierde y si no vuelve, también pierde. Sin embargo, tengo una tercera opción: locuras y mentiras, creatividad para la risa humana sin límite y sin vergüenza, aquí y allá, en un avión socialista, para levantarle el ánimo a los pueblos, pobres pueblos. Así va pasando el tiempo; el problema viene después, en el siguiente tramo de la vida. Allí no hay engaño mamá, allí no queda otra que quitarse el sombrero y sufrir eternamente. ¿Entiendes por qué prefiero ser humilde ahora y ver de qué manera consigo el perdón aquí en la tierra? Porque sin él, no hay pasaporte al cielo y ese perdón solo puede darlo ella, la víctima.

___¿Vas entendiendo? Creí que, talvez, tú podrías ayudarme, pero está bien, acudiré a la retórica, muchos viven de ella o gracias a ella. Es un blablá permanente, casi siempre sin sentido y carretadas de papeles para evitar el bien común. Así, en nombre de la democracia, se va construyendo el socialismo extremo, para no llamarlo por su verdadero nombre. ¿Y el salario? Magnífico al hablador. ¿Al pueblo?, el dedo...

___No mamá, no, tú sabes que yo no. Es que...

___Recuerdas lo que dijo el Señor: "Solo la verdad os hará libres". Ese ha sido y será siempre mí camino, aunque solo sea porque no hay otro. He aprendido que siempre hay una salida, donde uno puede ocultarse, y es la del amor. Gracias infinitas mamá. Te veré pronto.

Tendría que pensarlo mucho. Sí..., tendría que dejar la cruz por unos días y pensar en algo diferente. Por eso, cuando miré a Ricardo asomarse a la ventana supe que lanzaría sus penas al olvido. ¡Gran idea!, me sumé de inmediato a tan feliz acción. Todo fue rápido, pero duradero, tanto que cuando el huracán se fue, ya disfrutaba yo de un sueño reparador. Bien dijo alguien en cuya cabeza no cabía sombrero, pues solo la usaba para pensar: "La imaginación es casi siempre más importante que el conocimiento". No sé si es exacta la percepción, pero de todos modos la idea no es mía, ¿cómo podría? Estuve "andurriando" por otros mundos, me fui, tal como me llevaban mis pensamientos, a las profundidades de este universo, ¡caminé tanto!, pero aunque iba directo, vino lo inexplicable. Pues, mire, usted, que a cada tanto pasaba por aquí de nuevo, era como una ruleta necia, lugares había: zonas ígneas, noches eternas de tinieblas, gases, mezclas de gases, luces infinitas y la nada. La nada es el todo, es materia, es energía donde de pronto estallan los puntos menos esperados, y luego son como flores rojas que llenan la inmensidad del vacío cósmico. Es fascinante, pero también es un caos. El cosmos es un caos terrible, pero de una belleza solo superada por otro pensamiento de María, su creadora. Pensé por un instante en el día histórico en que esta galaxia o este universo, se encuentre con otra u otros, ¡qué belleza será!, aunque no creo que esto suceda mañana, ¿quién lo sabe? Esa historia la escribiremos en otro lado, donde reine la calma. Pero, se imaginan el burumbún. De vuelta vi a Judith y a Sofía en una de estas dimensiones vecinas y esto también es algo que habrá de escribirse algún día. Estaban llenas de ansiedad y de tanto amor acumulado, que solitas, ellas, me pusieron a soñar de nuevo.

A pesar de la brevedad en que se desarrolló la ronda, mi mente vino cargada de significados que estarían allí, a la espera de ser comprendidos; no es fácil, por más que se tenga experiencia en escuchar las voces del cosmos. Las imágenes también hablan y, en este caso, hablaron de un poder infinito y de cómo los universos están naciendo y muriendo sin dar señal alguna de un comienzo ni un final global. Creo que lo fabuloso del Big Bang es que no es más que un olvido de la naturaleza; fue el estallido en un puntito de ese vacío cósmico, en esa nada, esa energía invisible donde María ha puesto las semillitas de la creación. Ni la ciencia, solo la conciencia nos podrá llevar, algún día, al lugar seguro, al gozo de nuestra propia existencia.

Por ello, dije: No soy yo quien ha hablado aquí, es la naturaleza de Dios, pensamiento de María. Es la mujer la que está destinada a conducirnos a lugar seguro, ella se está instalando ya, en el espíritu de María, o lo que es lo mismo, la conciencia infinita; aun cuando no se haya dado cuenta todavía. Las astucias que hemos desplegado los hombres, no han alcanzado para sacarnos del lodo ni alcanzarán nunca para encontrar ese destino que nos espera.

El Punto Cero: la redondez de todas las cosas, la filosofía del alma, encerrada en el potencial infinito del ser humano, tiene rostro de mujer; abrámosle las puertas de la conciencia, que pase adelante y tome el timón de nuestra nave.

Con tal convencimiento a bordo, renuevo mi relación con Cristy, y aunque un poco triste y humillado, solamente ella me salvará.

__Pero, Cristy. ¿Qué ocurre? Creo que una vez más tendré que dar un viraje, cambiar el rumbo. ¿Recuerdas lo que te dije al principio?, algo ha de cruzarse en mi camino. Esta vez no ha sido la excepción. ¿Pero qué pasa ahora? Bueno, esta vez no se trata de un misterio, aunque tampoco deja de serlo, pues ¿por qué llega en medio de este tranquilo relato? Ahora se trata de mi corazón, él quiere que me dé prisa, pues el tiempo apremia, está contado; es mi destino aquí en la tierra, ¿te das cuenta, Cristy? Para poder contarte la historia completa tendré que dejar algunas miradas a la vera del camino.

__Sin embargo, Cristy. ¿Recuerdas aquella flor, la que corté allá, junto al río, viniendo por este sendero?, ¿la recuerdas?

__La recuerdo sí, pero jamás la miré… ¿dónde está?, no es posible que ames algo así, parece más bien haber sido solo un sueño, y solo está en tu mente.

__No, Cristy, lo que sucede, ya lo sé, es que está aquí, tras tus ojos, por ello no puedes verla nunca, lo siento; es una imagen de la belleza y del amor. Lo que quiero decirte acerca de esta flor es que, en el supuesto caso de que tenga yo que partir, así, de repente, debes buscar aquí, dentro de mis pensamientos, lo que te hará la luz sobre muchas cosas, pero sobre todo comprenderás el encanto y los misterios que hemos encontrado en el arte de vivir.

__¿Por qué no me permites verlo ya?

__Será mejor, si antes descubres tú misma otras cosas, piensa, hay que pensar, no lo olvides; hay misterios que solo la mente puede ver, piénsalo. Haz que gire el pensamiento, que flote en el océano de la conciencia. La creación, Cristy, está dentro de nosotros, es del dominio entero de nuestra conciencia. Cuando entiendas esto, entonces, habrás entendido que la muerte es solo un invento nuestro, de los seres humanos. Y si la entendemos tal como la hemos entendido antes, no será precisamente el mejor de los inventos. Lo que llamamos muerte es una puerta que se abre hacia un mundo delicioso, es una luz que cae sobre nosotros, es nuestra vida misma, pero iluminada. Es lo que somos.

Cuando le pregunté a Lara sobre esto, solo dijo: "La humanidad tendrá, algún día, que adquirir estos conocimientos". La muerte ha sido casi un misterio, pero se acerca el momento en que descubriremos lo que es en realidad. Entonces, todo cambiará, y los seres humanos actuaremos ya no como mortales sino como seres cambiantes, pero, a la vez, trataremos de mantener un hilo comunicante entre todas nuestras actuaciones. Entonces, sacaremos lo mejor de nosotros aquí, lo cual se irá convirtiendo en un capital moral que nos hará más felices en cada paso que demos. Es el conocimiento de la verdad lo que nos hará libres por siempre. Por ello, ya es hora de que comencemos a quitar el velo que nos ha cegado, que nos ha tenido enfrascados en una lucha inútil y sin final por alcanzar cosas que, además de no hacernos felices, más bien, en muchas ocasiones, nos hacen más infelices. Porque si hay alguna lucha que librar es con nosotros mismos, para ser mejores y llegar al cambio con ilusión y esperanza.

Por estas y otras razones, ya no debes guardarte estos conocimientos solo para ti, tendrás que compartirlos por más extraños que puedan parecer. Te aseguro que te sorprenderá saber que ya hay muchas personas cuyo conocimiento ha llegado bastante lejos, pero que no quieren ser tachadas de... Sí, sí ya lo sabemos, mis genes, Cristy, no deja de ser algo muy triste para mí, ¿pero por qué yo? Bueno la verdad, debo de estar loco, no lo sé. Ahora se me ocurrió, talvez porque pensaba en que eres tú quien escribe y ya lo sabes. Pero tienes razón en esto. ¿Qué crees que debo hacer?

__Bueno has confesado ya muchas cosas, incluso la enfermedad que padeces, por tanto, nadie mejor que tú. Nadie podrá acusarte de serlo, ya tú mismo has dicho **que** eres, ¿de qué les serviría tal cosa?

__Muy bien, Cristy, sí, además, hemos de tener presente que la verdad es lo único que libera a la persona y callar equivale a no decir la verdad. No importa que ahora parezca imposible, si más temprano que tarde parecerá, de verdad, lo más normal y justo. Será lo más importante, por mucho, para la humanidad. Creo que alguien dijo aquí que la verdad es relativa o algo así. Pues sí, ¡es verdad!

__Por estas cosas, Cristy, y por las circunstancias en que me encuentro, es que debemos girar una vez más hacia lo que es el Punto Cero, hacia las conclusiones. Deberíamos, como diría el poeta Octavio Paz: "Ir pasando todo esto en claro", no sea que se nos obscurezca, que la luz se nos apague.

__¿Te has dado cuenta?, Cristy, ¿ves el día...?

Está triste, no ha quedado una sola ventana para el sol, ni se escuchan truenos a lo lejos, ¿será que hay que dar lectura al tiempo? El tiempo nos habla y nos habla claro, por más oscuro que pueda parecernos, le creamos o no, nunca nos miente. Uno se va al río para sentarse sobre una piedra y hasta lavarse los pies, pero no hay por allí quien diga nada. El río sí nos habla por lo bajo, fluye como la vida y nos trae recuerdos, y se los lleva una y otra vez, sin descanso, ¿por qué será? Aquí el fogón, ¿lo ves? Puedes escuchar cómo su llamita dialoga con el viento y cómo nunca pierde su calor ardiente. ¿Ves cómo salpica la oscura realidad? Creo que sí; debemos escuchar el tiempo; todo ha sido contagiado por una energía poderosa y delirante; debemos tratar de comprender lo que nos ha traído. Estamos, Cristy, en el borde.

¿Puedes sentir un gozo entre la sangre y palpar la sagrada diferencia? Mira los libros, están allí, ya sin ánimo, a fuerza de tanto ser leídos y releídos, ya no tienen nada más que decir. Nadie habla ni escucha ni nada. El tiempo ha fracasado, no gira, no resiste las horas porque no hemos sabido leerlo; pero ahora estás tú aquí. ¿Imaginas cuántos días, como este, han sido congelados en mi corazón y en mis recuerdos? Estos días, como el de hoy, no tienen alternativas, cuando uno se encuentra solo, se fugan con las alegrías y hunden en la miseria los goces del alma, queda sola la ansiedad. Pero hoy están tus ojos y está tu silencio y, talvez, un suspiro de esperanza. ¿Puedes imaginar cuán largo es un día así, si no te queda nada, solo vives otro silencio, otro que no es el tuyo? Pero hoy estás aquí.

Somos libres.

__Hoy somos libres, Cristy, por la fuerza de la verdad y del saber que nos da la vida. Todo lo anterior, Cristy, debemos tenerlo muy presente porque, un día, puede que nos encontremos ante una puerta que cruzar, que no nos cauce sorpresa ni susto; debemos estar listos y conscientes de que hay que dar pasos inevitables, pero, no por ello, negativos ni mucho menos. Debemos estar prestos y con ilusión para aceptar lo que ha de ser. Poco a poco, iremos quitando las hojas muertas del camino, no sea que escondan la realidad, esto hará más dulce el caminar. Más allá, está el día en que nos entenderán. Todo llegará, no lo dudes

Mi perro Dux.

__¡Y yo que lo digo! ¡mira!, Cristy, ¡Ha vuelto! ¡Mi perro ha vuelto! ¡Hola!, mi amigo, ¿dónde has estado?, ¿qué ha sido de ti?, pareces renovado, ¡qué sorpresa más agradable es esta! Fuiste muy duro conmigo, no escuchaste mis lamentos, solo echaste las orejas hacia atrás y te fuiste, sin ladrar siquiera. Pero bien, estás aquí y ahora te bautizaré, te pondré un nombre que viaje contigo por el mundo, eso debí hacerlo antes. Aquí está: Dux, si Dux, será tu nombre, serás el príncipe y guía en estas montañas.

__Sí, Dux, está terso tu pelaje y húmeda tu nariz, estás muy bien, Dux. Espero que tomes posesión de tu espacio, aquí, junto al fogón, ¿lo recuerdas...? Ya no están las pulgas, ¡ah!, y aquí está mi flor, sé que te gustará su perfume y el silencio de su amor. ¡Oh, sí!, creo que la conociste. Fuiste una terrible ausencia..., sí, ladra, ladra y calla esa cola, que te escuche la montaña. Y el búho se alegrará, lo sé. Sé que le han faltado tus fantasmas, no lo olvides: el búho es capaz de taladrar la noche con su mirada.

__¿Te das cuenta?, Cristy, cómo, poco a poco, se va construyendo un hogar, se van haciendo realidad los sueños..., ¿ves?.

__Pues se van construyendo en tu cabeza nada más, porque yo no veo ni el perro, ni la flor ni nada de lo que tú ves, y para serte sincera, te escucho hablar, aquí y allá, como si hubiera multitudes, no entiendo lo que te ocurre; esa es la verdad y me asusta.

__Ya, Dux, no ves que allí te puse la leche y mañana veremos lo que comerás, por ahora eso, es todo lo que hay, y quieto, por favor, que no interrumpas más.

__Perdóname, Cristy, lo que ocurre es que (y tú lo sabes) sin el otro; tú no eres, el otro es quien lo hace a uno y yo quiero seguir siendo, ¿crees que eso no está bien? ¿Has visto como he luchado con las fallas de mi corazón? Escucha, escucha lo que dice el viento, escucha las voces del silencio, nunca mienten, nadie puede evitarlas, son el espíritu de la nada, sus voces están dentro de ti; habla, habla con ella y así, un día, te encontrarás a ti misma. Escucha tu voz, escucha en silencio lo que ayer dijiste, o antes; quizá en una vida anterior, escucha lo que estás pensando. Tu conciencia es una alfombra impecable, no dejes que sea manchada por el eco de tu voz. ¿Entiendes ahora por qué hablo con los seres que tú no puedes ver? Son ellos, Cristy, quienes me hacen y me dan la conciencia de la vida que está dentro de mí, que soy yo mismo, son los colores del arco iris o de la lluvia, mucho más que una visión, son libros abiertos que, quizá, deberías leer.

Por ello, hablo con los pedacitos de sol que se filtran por esta pared, lo hago para limpiar mi conciencia y entenderme a mí mismo, para saber quién soy y para ser. Verás, como lo vi yo: que hay un mundo entre lo que uno es y lo creía ser; es fascinante la diferencia; es un viaje entre lo que eras y lo que eres, sobre un oleaje de placer inmensurable.

¿Ves de qué manera se puede hablar consigo mismo y hasta sacar claras conclusiones? Los prejuicios no son buenos, una vez más te lo digo. Es mejor mirar a los lados del camino y esperar a que a los nublados se los lleve el viento, así por lo menos podrás caminar con tranquilidad, si ello es lo que deseas. Es una sociedad sin cúpula y sin base, donde tú y yo podemos encontrarnos en cualquier esquina y dialogar sobre la igualdad. Ya has adivinado por qué no voy con el hacha sobre los montes. Por todo ello, hablo con una flor o con una sombra, o, talvez, con el agua que riega la flor y les digo gracias por el amor. Y es que si miras bien, es allí en la distancia, en esos vacíos llenos de la música de dios y que contienen también los perfumes del jardín, donde se encuentran las respuestas que dan sabor a la vida. Es allí, Cristy, donde la lluvia conquista las caricias del amor.

¿Cómo puede Freud encontrar una razón a cada sueño, si yo nazco, ya con ellos, cada miércoles y me abrazo a las montañas, como la guaria a sus colores? Esto que te estoy contando hoy, Cristy, como has podido ver, no tiene hora ni calendario. Es porque el presente nadie sabe lo que es, Cristy, un día lo sentirás. El presente es una eternidad en que debes aprender a vivir.

Alguien lo dijo con toda razón: "La imaginación es tan importante o más que el conocimiento". Pienso que sí y por ello lo repito aquí, pues todo lo que cabe en mi morral es porque allí está, no hay duda; todo lo que debes hacer es darle vueltas y más vueltas hasta que, de pronto, te cae por el lado correcto; en eso consiste el arte de vivir, piénsalo. Y si crees que no es así, ¡que esto que has leído no está bien!, entonces, comienza ya a preocuparte, porque el amor verdadero no salta a la vista, solo podrás sentirlo. A estos asuntos hay que darles vueltas, haz como cuando te descuidas y si quieres esperar, espera, pero no te fíes, no dejes escapar la oportunidad, la sustancia que hay aquí podría escapársete. Si logras un buen atrape, entonces, podrás sacar de tu cabeza el carro y hasta algunos malos pensamientos, y así poder llenarla con el amor y el conocimiento de ti misma, para disfrutar de lo que en realidad eres, de lo que la vida que somos nos tiene a lo largo del camino. Camino, que viene y que va, sin principio ni final; que sigue como un sueño. Pero no te duermas porque la belleza desfila sin descanso. No te pierdas el teatro de la vida, ámate a ti misma y así no tendrás problemas con los demás. Recuerda. "Lo que llamamos mala hierba florece también, y nos da lugar para un buen pensamiento o para un discurso del alma". Piénsalo profundamente, que hasta puede que allí esté Dios. ¡Oh...!.

__Mira, Cristy, quiero contarte lo que es uno de aquellos mundos, cuya dirección desconozco por estar un poco distante en millones de años luz. ¿Qué más da si hay millones de mundos similares a este, dispersos por todo el universo?; además, sus habitantes, en general, han aprendido a usar sus mentes, mucho más ampliamente que nosotros y su evolución viene de más lejos que la nuestra, es más antigua. Quitémosle, además, a ese mundo del que te hablo, asuntos como por ejemplo: el daño que nosotros mismos nos hemos infringido, como creer en el pecado original, más otras irracionalidades que hemos cultivado casi con pasión. Allá María, que no es quien lava las ropas, sino la que piensa y no ha inventado tantos noes; por lo tanto, tampoco hay muchos síes; sea un ejemplo, si así lo quieres: lo blanco, lo bueno ni lo feo porque si lo miras bien, verás también que todo tiene su belleza y los adjetivos solo están en tu cabeza. Nada es contrario de nada, solamente es lo que es y ya, pero esto dejémoslo sin más.

Cuando me presenté por allí, un día cualquiera, pues esto de los calendarios quedó atrás. Nos fuimos con unos amigos y bajo un árbol, más frondoso que los demás, desde donde podíamos dominar toda la parte baja de la colina, comenzamos a intercambiar información, cada quien lo de su mundo. Varios hablaron de la gran inteligencia de sus habitantes y de la manera tan civilizada de vivir. Yo hablé de las flores que aquí se cultivan y de la belleza de los caminos, no quise humillarlos con lo de la inteligencia, aunque mi memoria me trajo aquello de que aquí los políticos, y en especial, los diputados a los congresos nacionales, cuyos cerebros tienen en la portada siempre listo un problema para cada solución; es una manera de hacerse notar que da gusto; además, esto ya lo había dicho en alguna otra parte del universo. Por supuesto, recordé muchas otras tretas que usamos aquí para no hacer nada, ni dejar que otros construyan, puesto que así logramos ir todos en montón e igualarnos un poco. Pues, aquí la moda es la igualdad; pero, ¡abajo!, aunque sea a punta de serrucho. No importa que los genes nos marquen diferentes, somos enemigos de quienes progresan; pero como estoy acostumbrado al silencio…, no dije que aquí la envidia sobra, que tenemos organizaciones completas y complejas para lograr esa igualdad, digo, aparte de retirar cada mes el salario. Pero, como allá no hay meses, se me iba confundir el arroz. No valía la pena.

De pronto, le entraron al problema de las drogas; levanté la oreja y puse la señal de alerta porque creí que me iban a hacer hablar de algo indebido, pero no, solo querían disfrutar de un rato más ameno, y cuando me hicieron la pregunta, entonces, simulé que estaba pensando un poco y luego dije que aquí las drogas se han usado desde hace muchos milenios, desde antes de escribir lo que son las Sagradas Escrituras, y que, de hecho, sin derecho, la primera mujer que existió fue acusada, ante el mismo Dios, por su marido, solo por haber comido la fruta prohibida y, sin más, fue castigada por toda la eternidad. (Pero como allá, la eternidad es el ahora, no se dieron cuenta del truco; mientras aquí, muchos hay todavía en la oscuridad, aunque, cállese, algunos solo por conveniencia, por aquello del negocio). Aunque las drogas sí, las drogas, van con uno siempre, cada vez más florecientes, les dije. Y no les mentí, puesto que allá no existen las mentiras ni tampoco las verdades, las cosas son como son y ya. Les dije, también, que gozamos de plena libertad para usarlas sin límite, son baratas, cualquiera puede, si así lo desea, hacerse daño con ellas, es un derecho humano; no hay negocio. Me felicitaron porque ellos creen que las prohibiciones atraen a los usuarios como moscas, son fatales. Y dijeron también que las drogas no deben ser legales ni prohibidas, sino libres como el aire, así nadie peca. Porque las cosas que son legales, como la medicina alopática, por ejemplo, se las aplican a uno para dormir y para no dormir, para hacer el amor o para no ser tan abusador; cualquier pensamiento, raro o confuso, amerita un cuidadoso tratamiento y resulta ser una belleza de negocio. Termina uno con el joyero lleno de medicamentos y ya las joyas se gastaron, después no sabes quién eres, qué hora es y, mucho menos, con qué te intoxicaste. Se lo apean a uno redondito y queda debiendo. Pero te digo, Cristy, dicen algunos que no son las medicinas las culpables, sino el desmedido amor a don Dinero. Que quede claro. Y la medicina natural o alternativa, como la llaman: viene siendo como un comenzar de nuevo, un renacer de la fe perdida; viene también en frasquitos cada vez más pequeños y más cariñosos; tampoco sabe nadie para qué es dañina; por lo menos la otra; si usted se pone viva, sabrá cómo va a quedar, si es que queda y si no, nadie escuchará sus quejas. Pero no te equivoques, a la ciencia y a la tecnología médica hay que respetarlas y debemos saber siempre cómo anda nuestra máquina. Ojo. Me he referido a esas drogas milagrosas, que son vendidas con locura farmacéutica.

____¿Adivina qué?, Cristy, cuando ya disolvíamos la reunión y me dirigía hacia el manantial para saciar mi sed, resulta que recostado en una sombra y como si la historia lo hubiera olvidado, estaba meditando el poeta, trataba de revivir aquel poema suyo que dice: "Bebiendo solo a la luz de la luna" y quién sabe qué más andaría en su mollera, porque reía con su poca fuerza. Me planté frente a sus ojos, pero no parecía verme, no veía..., hasta que, de repente, el caballero errante se avispó, abrió las alas y con una sonrisa de mala noche, ahora sí, se dirigió a mí.

____He esperado aquí, con un gato en el sombrero, ha sido una larga noche; cuando te convoqué no había mucha fe en aquel acantilado azul, debajo de la luna. Era difícil el canto de las nueces; sin embargo, has encontrado el sendero de los dioses... ¿Un trago de vino?

__Sí, mi amigo Po __le dije__, he sido elegido por una poesía del alma y he traído en mi conciencia un arrebato; pero también traigo, en mi morral, un queso para acompañar tu vino, ¡mira!, toma. Fue visible, en su rostro, el gozo. ¿Qué te parece, amigo mío, un brindis a la eternidad?

__¿Ibas al manantial? Bueno, anda bebe, bebe de este pozo, sacia aquí...

Fue en ese momento cuando noté que estábamos en mundos diferentes: él borracho y esperando el paso de su luna; siempre hay una luna para asirse a ella en su poema. Tomé la botella y tomé de su vino hasta que una nostalgia loca invadió mi placer. Me encontré en mi mundo, mi mundo abrumador y cósmico. ¿Cómo sería mi mundo en realidad? Creo que nunca me había cuestionado esto, ¡la diferencia!; Po estaba en su mundo y yo en el mío; pero yo bebía de su botella, ambos lo comprendimos a la vez; él rió, yo escancié el resto del líquido de los dioses, en mi boca, directamente; ¡dos mundos unidos en un punto! Reímos, sí, el Punto Cero. Él tomó su filosofía y la puso dentro de la botella, la tapó y rió más, yo cogí la mía y la situé en el núcleo de mi pensamiento. Y es que, recordémoslo una vez más: la esfera, ese Punto Cero, el universo y un pedacito de mi pensamiento son lo mismo, son la filosofía de la vida, esta vida que goza su propia existencia, es la creación misma, un pensamiento de María, que es también la inteligencia divina de la mujer.

__¿Te das cuenta?, Cristy, aquí pienso y pido: ojalá se den cuenta las mujeres de su inmensurable poder, del valor del amor que les ha sido dado por María: la madre de toda la existencia y espíritu del Punto Cero. Porque ustedes y solo ustedes pueden enderezar el camino.

Me senté por allí y me puse a pensar, porque quien no piensa nunca críticamente, por supuesto, tampoco sabrá jamás qué es o quién es, ni viéndose en el espejo. Por mi parte. Todos los días me pregunto quién soy. Cristy, por favor, tú que sabes tanto sobre los sueños y conoces a esos señores que han escrito tanto sobre los misterios de la vida, ¿has pensado quienes son ellos o sabes ya quién soy yo, pero sobre todo, sabes quién eres tú?..

Y me quedé pensando, también, en la tristeza de esta parte de nuestro mundo; porque aquel día, al alba me asomé y entendí, de pronto, en una inspiración profunda, que más bien terminará en una oscura noche. ¿Qué pensará Lara de todo esto?, ¿lo sabremos algún día?

De pronto, Cristy, volví sobre mí, entre los nublados del vino, y allí, en aquella cima, escuché poemas, con un brindis de nostalgia, que se derramaba bajo la luz de la luna. Inspiré con esperanza, hasta que todo acabó, ¡como un sueño!

Allá, al fondo, abajo, se miraba una llanura, desde la verde cercanía, hasta el azul de la distancia; el inmortal maestro me observaba con atención, pero calló sus pensamientos. Puso a mi alcance otra botella, ¡estaba llena!, Cristy, en verdad, fue imposible para mí saber de dónde la sacó, tendría que acostumbrarme a tales cosas. Creo haberlo logrado porque cuando cayó la noche, pensé en la necesidad de una lámpara y eso, tan solo, bastó, ya la tenía en mi mano; mi corazón latió un poco más rápido; pero una mirada inquisitiva de Po, me hizo reflexionar y esperé. Esperé que el buen juicio tomara posesión de mí. No hay duda, dijo él, has encontrado el sendero de los dioses, y rió, estilando, esta vez, gran alegría. Lo tomé junto con el placer de una copa. A Po no se le ve todos los días, esta realidad hacía una gran presión sobre mí, porque era mi obligación extraer de él el máximo de su conocimiento.

Sí, aprendí con él, con Po, que vivir es un arte, que la vida va y viene y que hay que disfrutar cada paso con amor. ¿Y lo que pasó? Bueno sí; si fue dulce, guárdalo en tu corazón y si no, ponlo a madurar, hasta que no brote el placer. Brotará, no lo dudes.

¡Cómo!, ¿Qué es esto?

Dux saltó de repente, pero lo detuve a la salida, aún sin haber pensado nada, mi corazón también se detuvo un instante.

Una carcajada como de ultratumba había llenado el monte con los miedos. Los conejos y otras carreras surcaban la oscuridad de la noche.

Dux no alcanzó a ladrar las tres veces, cuando salté de planeta en planeta, como un pensamiento, y cuando mi conciencia se replegó de nuevo aquí, sentí en mi mano la espada de Atila, la de Dios. Había conquistado otros mundos. Miré aquella espada con cautela, mientras repasaba su historia.

Lara había tomado mi lugar, en relación con la doctora Cristy. Fue cuando pensé: Bueno, no estoy solo en mi tragedia. Y en ese momento, él sacaba de su intimidad su negra historia, causa, talvez, de sus desórdenes. Soñé, decía, que era un gato y que los gatos de mi pueblo me habían elegido para cuidar de la quesera, aquello me fue gustando cada vez más, dijo, al punto que empecé a buscar la posibilidad de quedarme allí por siempre; no sería el primero en intentarlo, ni siquiera en lograrlo.

Así fue como un día, el gato que cuidaba otra quesera, más grande y mucho más poderosa, y que ya se estaba haciendo de piedra, me ofreció ayuda; por lo que las cosas yo las veía al alcance de mis manos. Así creí, pero los gatitos de mi pueblo lo sospecharon, y me pusieron de patitas en la calle, más bien, me echaron como a un perro. Cuando desperté, ya mi ridículo había recorrido toda la región, en alas de mi amigo, el gato mayor. Para acá y para allá, con mi llorar y mis suplicas, más algunos de los secuaces de aquel; fui la vergüenza en pijamas, ¡Dios mío! Fue lo que me hizo reír como un alma loca.

__También rió el mundo __dijo la doctora.

__Pero si fue un sueño__, protestó Lara. Deseo saber el porqué de dicho sueño. ¿Qué razón hubo para semejante descalabro? Si todo el mundo me apoyó, ¿por qué nada tuvo efecto positivo? ¿Cuál es la causa de mi sueño, por favor?__, preguntó Lara.

__Pero, Cristy, ¿Por qué he de contarte lo que tú misma viviste?

__Porque sabes que debes narrarme tu vida, sin importar quienes protagonizaron los hechos.

__Muy bien, pues continuaré contándote lo que aunque, parcialmente, tú misma protagonizaste, ¿estará bien?, mi querida Cristy.

__Sí, creo habértelo dicho antes.

__Lo primero que debe usted saber, señor Lara __dijo la doctora Cristi. **¿La conoces?** Preguntó Lara solo por molestar, puesto que se refería a ella misma.

__Es que hay un error en su apreciación, usted no era un gato sino más bien una rata, por tanto, negociaba usted con ratas, no con gatos, craso error. No podía haber sinceridad. Lo que si había era hipocresía y un lenguaje muy obscuro, trampero y en algunos casos, hasta burlesco; no hay duda, usted cayó en su propio juego. Señor Lara, cayó usted en sus propias engañifas. No. Debe usted saber que la política no se puede sortear con el sombrero, hay que usar también la cabeza. Aun así, hubo quienes le señalaron el camino, pero usted no quiso verlo. Y aunque el cuento no acabó todavía, pase lo que pase, lo que mal comienza…, piénselo, hay que pensar siempre, para no caer, no lo olvide nunca. Lo mejor que le puede ocurrir a uno, en esto de ejercer el arte de vivir, es dormir tranquilo, recuérdelo. Y por último, usted quiso ser gato porque, seguramente, dejó muchos desechos sin tapar. Pero lo mejor que puede hacer es olvidarlo todo; aquel lodo ya no podrá limpiarlo, le será muy difícil__, terminó diciendo la doctora.

__¿Estuvo bien? Sí.

Entonces yo, que seguía por allí, observando mis propias uñas, eché en mi saco. Tomé la espada de Atila y como el que escucha el anochecer, la sembré en medio de los astillones, no fuera que me diera por seguir en la conquista del universo. Y así, poco a poco, mis sentimientos se fueron disolviendo.

__!Hola!, Lara. Sí, es Dux, mi perro, ¿lo recuerdas? Pero, ¿qué te trae por aquí?, hacía yo como que hasta ahora no lo veía. Creí que habías olvidado el camino, siempre será un placer verte por aquí, ya lo sabes. Y era cierto, pensaba yo, porque no cualquiera se confiesa.

__Pues, mira __me dijo__.Me ha traído un sueño, un sueño muy extraño, que me ha enseñado mucho sobre la solidaridad entre los hombres__decía Lara con tristeza__, y es que no alcanza para mucho, ¿sabes?, no entiendo, este mundo más parece una mentira.

__Sí, mi amigo, quise tranquilizarlo, pero recuérdalo, tu sueño no es de este mundo, no lo olvides nunca, aquí no sucedería una cosa así, ¿está claro? Allá, por lo visto, la hipocresía se entiende como un valor positivo, como un rayito de luna. ¡Ah!, ¡pues mira! Creo que lo que no entiendes es el idioma, el lenguaje. Allá, "espera un poquito" significa "olvídalo". Sí, sí, ¡Qué seres más extraños son aquellos! ¡Ah!. Pero no te hagas el nuevo, ¿cómo fuiste tú mismo? No, Lara, lo siento, según hemos visto, allá, el mismo Dios no es más que una mercancía, y si no fuera porque algunos le temen, no solo lo enterrarían cada año, si no..., ¿por qué crees que tienes esos sueños tan crueles y andas como un alma en penas? Piénsalo, amigo, Lara, creíste que la filosofía daba luz, pero no siempre es así.

Pero después de aquel amargo trago, que Lara traía de un mundo donde todavía la alegría de vivir se deshace en las rocas de la inconsciencia y hasta en la mala fe. Yo deseaba descansar y reparar las fuerzas del amor. Y, aunque no había calles ni avenidas, ni abundaban los edificios para recorrer con la mirada la historia de los pueblos; no había, tampoco, muchos personajes de leyendas, ni nada donde uno pudiera crear una nueva historia. No había editoriales ni editores, ni esperanzas de publicaciones; pero sí encontré en una vuelta, allá, por el manglar, a un tal Luys Forest, casi deshecho, desarticulado y olvidado;

sin embargo, tenía ánimo y muchas vertientes que lo hacían verse atractivo, como un libro de hojas sueltas, pero íntegro.

Cobra tu vida.

__Luys __le dije__, mírame a los ojos, cobra tu vida, tú sabes que el otro lo hace a uno y ese otro, ahora, soy yo. No te gastes en disparates, no des ni un paso atrás, que el libro más valioso es el de la vida; disfrutémoslo en cada página, miremos al infinito con alegría, seguí diciéndole.

Desfilaron las estrellas, las galaxias y la Galatea con sus pastores. La vía de la leche se hizo angosta, como un hilo, de tantos pasajeros, fue increíble la tarde. Luego, Luys, se deshizo en imágenes y el espacio acogió las flores de su lenguaje; yo lo escuché y disimulé las ráfagas de una envidia pura y sana; pero envidia, de la que nunca se va. Después, me mostró los cimientos de la literatura que, aunque solo pude ver un azul, en los intersticios de mi desgraciada ignorancia, fue fascinante. Salté otra vez, como loco entre los montes, mientras, Luys, me miraba con una mueca de Wilde en su pensamiento. No había quién pudiera consolarme: hasta que una orquídea se dejó ver en su morada flor.

Ya no se trata solo de navegar por la Web ni de crear en nosotros mismos, habilidades tecnológicas y sociales; debemos saber que nuestra computadora, nuestro cerebro, es capaz de mucho más, por sí y ante sí. Debemos tenernos fe y descubrir nuestros propios poderes, no sea que estemos, con nuestros inventos, sustituyendo nuestras propias capacidades naturales.

Posiblemente, estuvimos y estemos aún viajando por un sendero equivocado. Cada vez vamos más lejos en busca de nuestra felicidad y, como consecuencia, hacemos más compleja nuestra existencia. Talvez debamos hacer un alto en el camino y volvernos para ver la llanura que hemos dejado atrás. ¿Qué hemos hecho mal, para que tengamos que correr más, cada día, solo porque nos creemos en el deber de alcanzar una meta lejana? ¿Por qué no pensar y ver si, más bien, estaremos parados encima de ella?

Si continuamos llenando esta Arca tan pequeñita, como es la Tierra, con más tecnología y conocimiento que obtengamos, no se salvará, se hundirá irremediablemente. Estamos situados en el borde del precipicio. ¿Por qué no usamos más la computadora que llevamos sobre nuestros hombros? Allí nos espera la solución. Las máquinas podrán alcanzar una gran inteligencia, pero nunca serán capaces de pensar, nunca; no nos equivoquemos, si llegan a pensar será bajo condiciones dadas por el hombre y no por una evolución natural. ¿No estaremos viviendo, más bien, una comedia estúpida? Claro, por supuesto, no todo lo natural es bueno, ¡claro que no! Pero un pensamiento, bueno o malo, viene del pozo infinito, a través del alma, cosa que no tiene una máquina, ¿o sí?

Un lugar de mi existencia.

Cuando Judith y Sofía me citaron en un recóndito lugar de mi existencia, como la puerta de ingreso en la octava dimensión, sentí que el placer me vencía, pero estuve presto a presentarme. Querían un discurso sobre el silencio. ¿Cómo sería posible que quisieran echar sal sobre mis heridas? Estuve pensándolo, pero no dije nada. Y este mismo silencio las llevó a comprender y de allí a rectificar. Nos referimos a otro silencio, no denunciar, dar la callada frente a las injusticias, dijo una de ellas.

¿Qué podría hacer yo?, ¿será, tal vez, cantarle al viento o pararme frente aquel tronco amigo y llorar otra vez la impotencia? No ven que por allá, en la Tierra, se ha dado, últimamente, una cosecha de hombres dioses y salvadores, a quienes les da por repartir lo ajeno:

"Uno para todos y todos para uno". Son una bendición maldita, compran conciencias y cuando ya tienen todos los poderes y han destruido toda posibilidad de producción, por parte de algún ser "independiente", entonces, vienen los cálculos: antes eran el cuarenta o cincuenta por ciento quienes sufrían la pobreza, ya terrible de por sí, aunque con derecho a gritar y hasta de sacarse la lotería y hacerse rico de la noche al día; cosa que sucede, aunque sea muy de vez en cuando; es más, hasta puede que si desean o pueden trabajar, nadie se lo prohíbe, pueden ahorrar y capitalizar. Pero esto es terrible, ante un régimen que se hace llamar socialista en extremo (comunista), hay quienes dicen que esa ideología está ya enterrada, pero es porque no viven bajo esa bota. Ya establecido tal régimen, aquello no es posible, por más producto del trabajo que sea. Y así vemos cómo históricamente, en esos regímenes, solo un siete por ciento, aproximadamente, pertenece a la nomenclatura famosa, son ellos los dueños de Dios y del diablo. Ellos pueden poseer su casita en la montaña o en la playa, mejor todavía, en los dos lados, se dan, merecidamente, la gran vida. Los demás son igualitos y calladitos, se cuidan, los unos a los otros, con devoción y amor a la libreta de racionamiento; es cuestión de comer o no comer. En las encuestas dicen, cuando dicen: "Somos felices e independientes", ¡claro!, ¡cómo no! Y si dijeran otra cosa, ¿qué? Como les repito, esos gobernantes son unos angelitos, ¡son un amor! Después, ustedes encuentran un libro por allí, en un rincón, donde alguien se quejó con amargura de su error: "Informe contra mí mismo", para poner un ejemplo nada más. Pero ya pasaron treinta o más años en el disfrute de tanta belleza. Y es que hay razones para ser así; es que cuando ven que una empresa prospera, aunque le dé trabajo a mucha gente, no les conviene, pues allí los únicos dioses son ellos; ellos salvarán a la humanidad. Son tan santos, que solamente la muerte los separará del poder, en cuyo caso lo heredarán a su ser más querido, ¡son una belleza increíble!

Es así, como en su cuidado intenso por los más pobres, por los que no tienen voz, se sacrifican, y las empresas que los exploten a través de sus salarios o de los precios a que les vendan sus productos;

no tendrán futuro, caerán, serán cerradas; y los ricos bandidos, serán pobres, y los sacrificados mandatarios, muy pocos, eso sí, serán ricos. El Estado, con la bondad infinita de su comandante, se hace cargo; es entonces, cuando, en lugar de ir cada día al trabajo aquel, harán cola con su libreta, por si acaso hay lo que necesitan para alimentarse hoy; así transcurren los años y pasan de generación a generación; ¿para qué esperanzas, si ahí está todo? Hasta que un día, la gente, malagradecida, se cansa de tanta abundancia; no quieren ser todos igualitos, sin trabajo y sin nada; las casitas que había, mal construidas por el maldito capitalismo, han envejecido, no son eternas ni entienden en qué consiste la justicia terrena, la del comandante. Como diría uno de mis queridos tíos, quien murió en la calle de la amargura vencido por el alcohol (fábrica nacional): "Es una bellezada, compadre". Por cierto, él vivió sus últimos años de guarera, con una miserable pensión, no le alcanzaba ni para la resaca, ¡qué injusticia, Dios mío! Nadie quería ni verlo. Por supuesto, que la bendición de aquel sistema viene, cuando soy yo quien alcanza el poder, pues habré de servir a mi patria hasta el fin de mis días; aunque ya no sirva, y en ese final ya no sea más que un mequetrefe. Es una "bellezada", créanme.

Así están las cosas, mis queridas mujeres, cuando el poder se sube, ya no se escuchan las quejas; es cuando el silencio (ese de que hablan ustedes) se impone. Pero debemos saber que ellos no producen lo que se comen; en cuanto más rápido avancen, más pronto se quedarán sin quienes les vendan los alimentos que necesitan, solo serán un par de generaciones o tres las que sufran libreta en mano. Pero ya sabemos que aquí, después de aquel pedazo de vida en la tierra, llorarán su estupidez y el daño tan grande que han causado, ya ¿para qué? He ahí cuando el silencio habla, y créanme, es muy elocuente. ¿Será esto suficiente, mis queridas amigas?

__Sí, Cristy, ya lo sé, pero sucede que me ha sido tan difícil asimilarlo. Por mucho tiempo pensé que lo más importante en mi vida había sido ello, lo que no viví. Un par de veces miré a un grupo de quienes pude haber sido un compañero más en el colegio; hablaban de cosas desconocidas por mí y se comportaban diferente, cada vez estaban más distantes; su mundo era tan distinto, parecían felices y contentos; mientras mi cabeza se iba poniendo más pesada; por momentos, me era muy difícil mantenerme erguido, y no quería que sospecharan la envidia que me deshacía el alma, ni que vieran hervir mi fuego.

Hablaban de cómo se había escrito la historia y seguiría escribiéndose. ¿Cuánto habría dado por saber lo que era eso?, ¡la historia! Y ¿por qué había de escribirse? Sí, Cristy: pasaron muchos años, mientras yo estaba hundido en las tinieblas. Años vacíos, perdidos y por lo que había aprendido sobre la muerte; jamás podría recobrarlos, se habían ido como agua entre las piedras. Ahora pienso, y esto no es un consuelo, que hay muchas maneras de perder el tiempo y de hacer que otros lo pierdan. Algunos diputados, empleados públicos y cabezas de sindicatos, son un ejemplo de ello; da gusto ver, cómo se ganan sus salarios y otros piquillos haciendo nada. Bueno, bueno, sí... Ahora pienso que el tiempo es irreal, que fue inventado para la conveniencia de nosotros mismos.

En aquellos tiempos irreales, desenvolvía lo que fuera con tal de leer los periódicos que habían usado en ello; a veces no lograba comprender lo que decían, pero otras veces sí. Lo que no sabía es que los diarios, aquellos, también envolvían muchas mentiras; saberlo ahora es triste, Cristy, pero así era. Y, aquí entre nos, ¿Cómo serán ahora?

__También, Cristy, me sentaba allí, sobre cualquier tronco y me ponía a pensar. ¿Te imaginas, de los trece a los diecinueve, yo, allá, en lo alto de la montaña, tratando de ver a lo lejos, tratando de sentir lo que veía o tratando de leer sobre los montes el porqué y para qué de la vida? ¿Le darían a uno las respuestas a estas preguntas en el colegio, o no? Ahora pienso que nadie tiene claras esas respuestas o que no tienen ninguna del todo. He preguntado a tantos..., al mismo Dios y también a la vida, al viento, ¿Por qué las cosas son como son? y no como uno quisiera que fueran.

__Entonces, yo aquí, Cristy, aprendí, en este silencio, a entender el amor. Porque si quieres aprender el porqué de algo, entonces debes prescindir de ello, cuanto más crezca la necesidad, más aléjate, así aprenderás a conocerlo en la profundidad del saber. Si amas a alguien y quieres saber cuál es la razón para ello, entonces aléjate de ese alguien y así sentirás cómo, de vez en cuando, nace otra vez dentro de ti, con más sabor eterno, con más amor.

__Tú sabes, Cristy, unos ojos azules o negros, un cabello rubio, negro o del color que sea, una voz dulce o un abrazo que uno no tuvo nunca antes, ni de su propia madre, por la razón que haya sido. Pues ¿qué?, tú lo sientes, ¡ah!..., no habría que hacer un gran esfuerzo para imaginarlo; sí, Cristy, habría que haberlo soñado. Un jardín y unas flores que construí, dentro de mí, para una noche sin sueños, era lo que otros vivían. Pero, Cristy, todo trae su premio encendido; he visto tantas cosas allá, al otro lado de la vida; he recorrido vidas anteriores y, aunque muchas cosas necesitan las respuestas y el porqué, allí están, las he visto, las he escuchado en medio del asombro. Allí están. Y ahora pienso: ¿por qué otros no pueden verlas?, ¿por qué a mí me toca decírtelas, cuando tú misma no sabes quién eres?, y esto va más allá de ti.

__Tú misma, Cristy, estás luchando para que yo me encuentre, para que pueda entender quién soy y por qué soy como soy. Tengo que reconocer que has logrado mucho, ya comienzo a ver la luz allá, hacia el final del túnel. Has logrado sacar de mí esos amores eternos que han estado olvidados por tanto tiempo, pero falta, Cristy. Cuando en el jardín del atardecer me iba tras una desnuda cabellera, sin rumbo, para perderme después en la noche, hasta abrazar el viento, y entre una y otra luciérnaga, amar en silencio. Pues sí, Cristy, a la nada, a la madre de todas las cosas, ¡es que…, tú no estabas!

Pero...,

__¡Hola!, Dux, ¡qué alegría tan grande la que andas en tu cola!, te he visto saltar sobre los montes y correr como loco tras los fantasmas de la noche. ¿Qué te mueve?, ¿qué has hecho?, ¿por qué no te quedas aquí junto al fogón, en la fragancia de esta flor amada? No tienes que esperarme allí afuera, deberías saber que siempre vuelvo.

__Mira, Cristy, mira cómo este perro acaba de sacar la tristeza de mis recuerdos. ¿Cómo podría no quererlo? Sí, él me enseñó con sus expresiones de cariño, que no necesariamente hay que entender su lenguaje para recoger en el alma el amor, es que se siente, es que recorre la conciencia de quien la tiene.

Pero, Dux, tengo que decírtelo: comprendo infinitamente tu decir tan transparente y tan sincero; gracias, Dux, dime: ¿Por qué te encanta que te pase el cepillo por el lomo. ¡Ah¡? Me lo dice tu cola. ¿No ves que estás cambiando tu pelaje?, estás quedando como nuevo. Oye, pero tus orejas y tu cola, hablan tanto. ¿Qué pasó? ¿Será que durmieron demasiado en el silencio de la montaña? Está bien, Dux, todo está bien. Échate por ahí sobre la calma de este día. Ya.

__¿Te das cuenta?, Cristy, también hay voces cósmicas que le van mostrando a uno el camino correcto, hay que escucharlas con atención, que son palabras de Dios. Hay avisos y enseñanzas que taladran nuestra mente. Por ello digo: Hagámosle caso a nuestra conciencia, que es la misma de todos, ella nos grita las verdades; saquemos un momento, cada día, para escucharla, para sentirla, no inventemos las soluciones ni mucho menos debemos tomar la que otros inventan; escuchemos, nada más, la voz de nuestra conciencia, ella está en todas partes, es cósmica, es la luz de Dios.

__Debes saber, también, mi querida Cristy, que María nos escucha, que ella es el mismo amor.

Y ahora, esta parte de lo que soy desea retirarse a descansar, espero que otra parte de mi conciencia venga y se manifieste ante ti. Ya lo sabes, no hay nada por lo que debas preocuparte. ¡Qué! ¡No lo entiendes! Ya te lo he dicho, mi yo y el de quien así lo decida, no es algo que esté limitado por el cuerpo, no. Lo entenderás cuando, de repente, un día, como en un rayo de luz, descubras la realidad de lo que es la mente, la conciencia, o lo que es lo mismo, la vida. Y, por tanto, el inmenso potencial que hay a nuestro alcance, para la felicidad y el gozo eternos.

Así que ya lo sabes, estaré fuera de mí por algún tiempo; pero volveré. Hasta luego. ¡No!, ¡no!; ¡no estoy loco!, son chispas del oficio, nada más.

Sentado sobre la hierba.

Sentado yo sobre la hierba, con los ojos cerrados y las palmas de las manos hacia arriba, sobre las rodillas, traté de no pensar: no sé si lo logré, pero sí. Vi. a Lara encabezando el desfile y a mi tío Rubén, de último, borrando, con una rama, las huellas en la arena; al final él, mi tío, apagó la luz, solo quedaron las estrellas. Todo fue tan romántico que olvidé la noche. Y al amanecer, el rocío iluminó de nuevo mi soledad, fue entonces, cuando escuché el canto de los pájaros.

Un pensador D-mente. Segunda parte.

Mística espera.

Un misterio arrastrado

de hojas muertas,

por el camino solo

de tiempo acumulado,

iba y venía sin caminante

de tristeza.

Un pájaro pintado

de ojos invisibles,

postrado bajo la tarde,

cantante de quejas roncas

y de secos troncos.

¡Ha callado el viento!,

la noche ha caído por el monte,

al cielo, ojos le han nacido,

de búho encandilado.

¿Y doña Esperanza?

Aún no ha llegado.

Albúrsad

__¡Hola!, Christy,... ¿sabes qué?, creo que este amanecer no puede ser , olvidado, jamas , por nadie que sepa mirarlo... Bueno, lo que sucede es que hoy me levanté renovado, he escapado de mí y he mirado lo que no había mirado nunca. ¡Creo que estoy usando otra parte de mi conciencia! ¿Puedes entenderlo? Aquel, con quien hablaste ayer, era otro, estaba lleno de ansiedades y hasta enfermo, pero este yo, este cuerpo que hoy ves, no está solo en este mundo, no es el mismo. Te digo la verdad, Cristy, siento como si hubiese ganado la conexión con mi interior; hay algo en mí, que hasta hoy no había creído posible estuviera conmigo. La verdad, no lo entiendo, pero no importa; me veo libre como una hoja al viento, sin pecados ni presiones, he dejado la basura al borde del camino. Otros momentos hay en que me siento fuera de mí; es cuando soy de verdad, cuando dejo de ser solo una ilusión; es fascinante, Cristy. Es, entonces, cuando creo que solo soy el mismo para la foto, para los registros o para el espejo; pero otra vez, esto que ves aquí, para ti o para mí, solo soy una ilusión. Mi pasado ha quedado en otra parte de mi conciencia. Ya lo sé, Cristy, el hidrógeno, el nitrógeno, el oxígeno; pero sobre todo, el carbono, son algunos de los elementos que han dado origen a esta vida, así tal como la hemos conocido o como la hemos creído. Sí, pero hay algo más en este mundo: hay una condición exclusiva del ser humano, que nos mantiene conectados con lo infinito, con una inteligencia que nos da la posibilidad de ser conscientes de lo que somos; en realidad, esa inteligencia, en la medida en que la usemos, es lo que somos. Podemos encarnar y morir muchas veces, pero nuestro ser nunca muere. He aquí el secreto de la vida; entender esto es maravilloso, es como estar enamorado del amor, lo hace a uno infinito, uno con Dios. Es cuando se conoce la belleza del alma.

__Como no viste el amanecer, te contaré, entonces, que en

aquellos momentos estaba ahí, en lo que hemos llamado nuestro jardín; trataba de asearlo y pensaba en estas cosas. A través de mí, se manifiesta esa parte de la conciencia que rompe límites y que toma los problemas con alegría, porque, con tomarlos de otro modo, no podrán ser resueltos nunca, para nada. Ya sabes que ha sido una ilusión, algo así, como lo que había antes de que estallara el *cachiflín*, al que hemos dado en llamar el Big Bang, solo que aquel no tenía conciencia de lo que era. Sí, sí, Cristy, pero la tecnología no llegará nunca al final de una cosa que no tiene final, por más que avance en forma exponencial. Cuando alcancemos algo, que creamos es el final, entonces sabremos que solo es el principio. Quiero aclarar, y esto solo tiene que ver con el lenguaje: hay muchos universos, pero son solo pequeñas partes de un todo. Paradojas aparte. Creo que este universo es nada más un rinconcito del todo y está solamente comenzando a crecer. Así que tranquila, Cristy, es que este espíritu nunca podrá ser prisionero y esta historia siempre ha venido en esa dirección; nos enseña que todas las cosas pueden ser resueltas y trascendidas; incluso la muerte es solo un cambio, es trascender una etapa de la vida, es un nacer otra vez. Quizá, por ello, nazco cada miércoles, ¿te has dado cuenta? Si algún día llegas a comprender estas cosas, entonces, habrás entrado en el campo del amor; ello es la energía de la Madre Creadora. Y, si cortas una rosa, entonces, escucharás con alegría, el grito de sus colores. La tranquilidad y un gozo esencial, incomprensible, tomarán posesión de ti.

___Por todo ello, Cristy, esta narración continuará en ese mundo del Uno. ¿Has visto cómo vuelan los murciélagos? Tienen una manera muy extraña de hacerlo, pero aun en medio de la oscuridad, siempre llegan a su destino; he ahí lo que de verdad importa. Así que por lo menos yo, me guardo este amanecer en lo más profundo de mi conciencia; además, este es el único que hoy tenemos. ¿Es que acaso no sientes la energía tan grande del amor que se respira? ¿Es que no viste la alegría en el lirio que hoy desplegó sus flores, allí afuera?

___Pero, aún creo que falta algo por aclarar. Sí, lo del crimen; ¿será en verdad un crimen? He ahí, Cristy, una oportunidad para la inteligencia: convertir en amor lo que ha sido plomo, hasta se dice que una tormenta fue fundamental para dar inicio a la vida en la tierra. Estoy consciente de lo que me espera, Cristy, pero, ahora transito por un camino de luz. Esto me habría sido difícil de decirlo en aquel estado de ilusión, pero hoy, aunque parece no haber cambiado nada, vivo en otra dimensión, donde cabemos todos, y esto quisiera yo que lo entendiéramos así; sin embargo, es un camino, el cual puede ser transitado por quien así lo decida. Quizá deberíamos dedicar más tiempo para pensar en las cosas buenas que tiene la vida, pero bien, todo vendrá; ojalá no sigamos viendo el paso del tiempo, sin apenas verlo. La vida tiene un sabor delicioso, seamos conscientes de ello y disfrutémoslo.

__Ahora, Cristy, no más; iré allí, a la sombra del quizarrá y escucharé la música del futuro, meditaré sobre las cosas buenas que tiene la vida. ¡Ah!, porque es la misma, la de Mendelssohn o los coros de Adrian Willaert, o quizá Alesandro Scarlatti. Talvez a Beethoven, etcétera; ya sabes, Cristy, *La doncella de la nieve*, de Korsakov. Y no debes reír, pues es cierto que de música, como de tantas otras cosas, no sé nada, pero me llena el alma. ¿No será que ellos, con sus cantos, nos llevan a través del tiempo?, ¿ah?

Una carta.

__¡Eh!, Cristy, a propósito, ahí te dejo esta carta, tal parece que alguien no es capaz de olvidarte.

Puerta Grande, El Cielo

Entre luces y tinieblas.

8° dimensión

Srta. Cristy

100 m sur del quizarrá

Chocita de paja

Montañas de verdes multitudes

No hay fecha, no hay tiempo, no hay algo así. Perdona.

Querida, Cristy, como te lo he dicho tantas veces, aquí también hay amaneceres, aunque más azules y más lejanos, pero los hay en que uno despierta con las luces encendidas. Pues, una de estas mañanas sentí un hueco en el estómago; más bien, como de alegría y no por falta de alimentos. Supe, entonces, que allá, en la poza de los helechos donde era mi costumbre de ir a la poza de los helechos, para sentarme sobre un tronco, caído por el peso del tiempo y sacar cuentas sobre las cosas que tiene la vida; otros la llaman meditar y ese también era el lugar donde se juntaban las almas a las que el amor les quedó debiendo, las que terminaron huyendo de la tristeza y de las cenizas. Pero es que, en realidad, en la parte sur de mi conciencia, más bien como debajo de la alfombra, había la idea de que kilómetros más allá, al otro lado del río, y un poco a la distancia, tras la colina, desde donde salía un hilo de humo, indeciso a veces, fuerte en otras ocasiones; tendría que haber alguien, un alma sedienta quizá, un ser humano; ello me hacía sentir más lejos de la soledad. Allí había algo o alguien que hacía palpitar mi corazón con más fuerza, con una energía desconocida y que llenaba de luz un punto allá, del lado de la esperanza; pues, de repente, en un momento de esos en que la belleza y la vida se unen, sentí que aquella luz me llamaba y una fuerza muy especial quería moverme hacia aquel lugar, tan extraño como un misterio. Puse, de inmediato, el alpiste de los canarios en sus platillos y volé, aún sin cerrar la jaula, ¿para qué?, dirigí mi atención hacia allá, por el borde del río, no sin antes lavarme en sus aguas. Cuando llegué, tomé asiento en una sombra, junto a la higuera. ¿Y sabes qué, Cristy?, creo que era la higuera donde meditaba Zaratustra. De repente, ¡un salto! Una mujer con su ropa mojada y muy escasa, pegada al cuerpo, de ojos así y cabello negro a la cintura. Sí, sí, ojos así, ¿es que no puedes imaginarlos? Me dejó ciego de palabras, la miré sin mirarla o más bien, sin mirarla la miré.

__¿Es que cruzaste el río a nado?__, se lo pregunté solo por darme tiempo para pensar.   __¿Qué te parece?

__Soy la hija de don Arnoldo y hace meses que entreno, nadando, para poder cruzarlo.__ fue su respuesta.

__Supongo que vives allá.__le dije __ por donde sale aquel humo, pero, ¿qué te trae por aquí?

Entonces, me miró desde lo más profundo del alma y sin pestañear me soltó:

__**Adivina.**

De pronto me di cuenta, con asombro, de que no pertenecíamos a la misma parte de la vida, sino, más bien, a diferentes etapas de ella. Se encontraba ella, en un futuro más o menos lejano. Entonces, la miré a los ojos y el asombro invadió mi sangre y mis huesos. Pienso que logré controlarme porque no hubo muecas ni parpadeos sospechosos de nadie. La invité a un lugar dentro del bosque y le ofrecí mi camisa seca; había sol todavía, un sol que daba múltiples colores al atardecer, podía decirse capaz de deslumbrar a cualquier turista. Te lo explicaré después.

El de ella era un cuerpo maravilloso, Cristy, y yo la había visto alguna vez, estaba seguro, pero, ¿cuándo y dónde?   La tarde estaba corriendo entre las nubes, ya se iba. Un temblor me acosaba cada vez con más fuerza, cuando de repente, ¡sus ojos!; sus ojos sabían quién era yo; me miré en ellos al anochecer, estaban claros, pero; ¿quién era ella? ¡Por favor...! y vino la noche inevitable..., de amor en las tinieblas.

Al amanecer:

__¿Cuál es tu nombre?

__Soy Soledad, y tú eres..., lo miré en la profundidad de tus ojos__ me dijo.

__Se me cayó el alma, ¡sí!, ¡era cierto!, pero no recuerdo a nadie con ese nombre, ¡Soledad!

__En una vida anterior__ dijo__ fui Cristy, pero mi padre enfermó y me espera, debo irme.

No logré abrir la boca, ella se fue; ¡siempre, Cristy, pensé, ¿por qué?, ¿por qué se fue?

__Bueno, sí, Cristy, imagino lo que piensas, pero no. No, no estaba loco, todo aquello pertenece al futuro, Cristy; fue solo una mirada al futuro, es lo que vendrá algún día, lo que nos espera en algún apartado del camino. Bueno, cuando volví a saber de ti, o más bien de ella, se había ido, lo que llamamos aquí, morir, no pude recoger más de sus palabras. Y una vez más, quedó sola mi tristeza.

D.

P.D. Iré más allá, debo ir. Espero alcanzar, un día, el Punto Cero, donde está la luz y no va más. Ya te lo contaré, Vía Láctica.

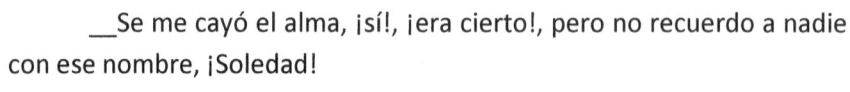

Hola Dux.

__Hola, Dux, ¿cómo te sientes? ¡Cuánto tiempo ha pasado! ¡Te has puesto muy malito!, es cierto. ¿Recuerdas cuando me trajiste el búho? Lo traías a rastras, por un ala, lo encontraste muerto y, claramente, querías que le restituyera la vida y lo devolviera al caballete, donde pasó las noches de su vida, pero especialmente su vejez. ¿Lo recuerdas?, me hiciste sentir menos que nada, porque a mí también me arrancaba un pedacito del alma. Fueron muchos años, ¿ah? Primero me causaba desconfianza, y después, su compañía me hacía sentir bien, sobre todo cuando ustedes comenzaron a entenderse en ese lenguaje selvático, tan increíble, que dominaban a la perfección. Porque tú ya no hablas tampoco. La verdad es que yo, desde mi cama, los escuchaba, se disputaban la cacería de ratas. Fueron tiempos, aquellos, que no pueden ser olvidados y que, vistos desde aquí ahora, lo llenan a uno de nostalgia, y unas lágrimas se vuelven incontenibles.

__Dux, aquella vez, tuviste tres días en que no quisiste comer nada, muy deprimido. De no haber sido por aquel pato salvaje que aterrizó aquí con una pata fracturada, ¿quién sabe lo que habría sido de tu vida? Aquel pato vino a sacarte las penas, y desde allí, poco a poco, volviste a ser el de siempre. Tengo que reconocer que fue una lección más, de las que me diste a través de estos años. ¡Con qué amor has hecho estas cosas, Dux! Solamente porque aquí he llegado a conocer bien a los animales, es que ya nada me sorprende, y mucho menos de ti. Compartían el búho y tú, la visión de los fantasmas; tanto que llegó el momento en que solo me faltó verlos yo también, pero los sentí. Y, por lo visto, aquí los hay en abundancia, ¿quién los ahuyentará en el futuro? No lo sé.

__Pero, ahora, eres tú, Dux, te han vencido ya los años, no resistes el cepillo en tu lomo, ¿qué podemos hacer, Dux? Has sido el guía y el dueño de estas montañas, ¿quién estará esperándome, en las sombras del quizarrá, cuando ya, tampoco yo, resista el peso del tiempo?, ¿quién avisará cuando el gavilán quiera comerse los polluelos de los pajarillos que anidan allí, o allá, por el Napoleón? No, Dux, no puedes morir ahora. Es que tú no tienes un más allá, como los seres humanos y solo vivirás en mi conciencia. ¿Por qué tienen que ser así las cosas, Madre mía?

__Pero, mira, Dux, aquí te tengo un pedacito de carne, está cocida y molida, come por favor, le agregaré, también, un poquito de leche.

__Sé que no siempre fui bueno contigo, pero también tú me hiciste algunas jugarretas. ¿Recuerdas cuando espantabas las garzas? Sabías bien que eran mis amigas y que por ello siempre he cuidado de esa ciénaga, parada obligada, para ellas, lugar de descanso y alimentación. Cuando se iban, Dux, se llevaban mis sentimientos, dejaban aquí los mensajes que yo tenía preparados para la lejanía, donde, quizá, me esperaba el amor. Vivimos aquí, Dux, donde cada uno va rumiando sus desdichas o viendo una esperanza en cada amanecer.

Pero si uno se sienta por allí a dialogar con los árboles, entonces, entenderá el significado del tiempo. Así como entiendo tus movimientos, tus gruñidos y hasta tus tretas, que en ocasiones, me asombran y pones en duda mi capacidad de pensar. Has demostrado conocerme muy bien, me asustas, Dux.

__¡Ja, ja! ¿Recuerdas cuando me viste por primera vez con la escoba en la mano?, escapaste como el humo, te fuiste hacia el río y te hiciste invisible por varias horas; fue como si me hubieras contado tu historia de malos tratos. Ahora me doy cuenta y lo siento mucho, Dux. Aunque pienso que no lo recuerdas, que no tienes memoria de ello; a veces lo dudo, porque de repente, cuando tomo la escoba, echas hacia atrás las orejas y me vuelves a ver con los ojos suplicantes que te vi el día en que cruzaste, por primera vez, el umbral de mi puerta.

__Y ahora, Dux, ven, yo te ayudaré, quiero darte un abrazo con el amor que he guardado por tanto tiempo. Así, Dux, y te digo de verdad, si fuera escritor, y además famoso, escribiría un libro para hacerte inmortal. Me has dado mucho de qué hablar, como cuando me dejaste perdido, allí, en esa selva, solo por un tepezcuintle que se burló de ti en aquel manantial. Más bien, creo que lo que sucedió fue que te asustó muchísimo el animalito y huiste hacia acá, no lo pensaste dos veces; hasta que, horas más tarde, ya recuperado, fuiste en mi busca. ¿Imaginas lo que hiciste conmigo? Y hay tantos otros detalles, que entre todos, harían llorar los recuerdos, en muchas páginas, ¿verdad? ¿Ya comiste? Muy bien, muy bien. Ahora sí, al calorcito del fogón y te veré otro día.

__Hola, Cristy. Sí claro, que la narración de los hechos que han pasado por mi vida tiene que ser así, tal como me lo dice mi espejo, de tarde en tarde. Hoy camino para el norte y mañana, quizá, pa'l sur. Te lo repito, Cristy, por enésima vez: donde andan mis pensamientos, allí mismo estoy y créemelo, mis pensamientos viajan y viajan mucho. Por ello, lo mío no va en línea recta, sino que más bien va, así, como va.

¿Has comprendido?

__Una de estas noches, Cristy, me puse a pensar, ¿por qué será que mi vida ha transcurrido de esa forma?, cuando, de repente, un murciélago pasó volando y en aquel retorcido vuelo encontré la respuesta; pues mira que, seguramente, de tanto verlos…

__Sí, Cristy, he sido hecho de muchos pedacitos, de migajas quizá, de pensamientos, de asuntos incompletos que han venido a posarse en mi conciencia a través de los años y de algunos libros. Soy un poquito del agua del río y del bote de Sancho, un pedacito del quizarrá, una parte de la historia de Caín, ¿quién sabe?, quizá la conciencia; un sueño de Freud y un pensamiento de Aristóteles, talvez una pluma del búho o un pensamiento de Alejandro el Grande, soy…, déjame, por favor, Cristy, porque si no, ¿quién soy? He sido un pedacito de esta montaña, donde se acuestan el amor y la tristeza. Pero…, bueno, también, he querido ser como un poema de Li Po, un poquito de su vino y de su luna. He de agradecer, con cuidado, a Erasmo de Róterdam por haberme dedicado un pedacito de su obra: *Elogio de la…*, gracias. Pero mi corazón fue hecho, quizá, de amarguras, de hojas del color de la envidia y de la sangre. Mi cerebro es un…, es un concentrado de ácidos grasos donde se pierde la memoria, todas estas cosas en mí, Cristy; pero en especial, mi lenguaje, están llenas de pobreza, pobreza de palabras. Sin embargo, sé que quien quiera que sea, si está enganchado a la conciencia infinita, tiene que ser consciente de sus limitaciones, y esto es lo mío, Cristy, no puedo incorporar este lenguaje que me rodea y que me mantiene, ya lo sabes. Las luciérnagas hablan de noche y yo las entiendo siempre en sus rayitos de luz; los murciélagos con sus voces oscuras; las plantas, como la hiedra o la ortiga, la adormidera y toda esa muchedumbre verde, tienen su mundo, su modo de protestar y hasta de agradecer. Tú ves los lirios o las rosas, ¡qué elegantes se ponen cuando riegas sus pies! Y por las noches, hay onomatopeyas que te dan una mano providencial y te guían; además, te evitan la escucha de otras voces, que vienen, quizá de ultratumba y ¿quién sabe? Son infinitos los ejemplos, uno se va hundiendo en ellos, hasta que ya solo le queda responder a sus instintos, hay que andar alerta. Todo lo anterior, Cristy, se me queda en el aire, ¿cómo podría yo traducir todo ello a este lenguaje cristiano, donde el amor se da por gotitas no más? No, Cristy, me es imposible. ¿Quién te avisa cuando va llover o cuando la noche viene? ¿Quién te grita cuando el gavilán se acerca? No, no sigamos con esto. Por ello, a veces, cuando te narro algún hecho, me quedo, busco en el aire una señal, una imagen, quizá, pero no encuentro la gramática; no son las palabras allí, las que me hacen sentir lo que siento, sino más bien, son los destellos de luz que se van con el viento. Es difícil, Cristy, pero no permitas nunca que esa llama se apague.

Y ahora, creo que iré a caminar, no sé por dónde todavía, pero necesito el placer de respirar el aire de la selva, de esas…, de esas montañas. Hace tiempo que esa otra parte de mí me ha relegado casi a la nada. No lo sé, Cristy; en los sueños, él me llama D. ¡No sé, a veces me confundo! Por ello, hoy deseo volver a la poesía del chaparral. Pues, ¡claro que estamos en medio de la selva!, ¡sí!, pero deseo saber lo que tienen que decir las piedras del río. ¿Has visto, Cristy, cómo se inclinan los montes al paso del agua y cómo sus flores se bañan en ella, que dice adiós para siempre?, ¿eh? Podrías, si quisieras, venir conmigo y verme sentado bajo una sombra, observando cosas como esas; y después, cuando mi amor se ponga triste, irme, entonces, hacia arriba, hacia el noroeste y caminar tres días, así, escuchando la voz tardía de mis pasos, o los reclamos de algún pájaro que se enrumba hacia la barranca. Me verías bendiciendo a las ortigas y a la bejucada, sin el horror de un público que ha estudiado la nueva gramática española; o me verías por las noches recostado en un tronco, con las luces apagadas, escribiendo a tientas el último verso de un poema olvidado años antes; o hablando dormido en una reunión, con los poetas muertos, o, quizá, acariciando una cabellera, de esas que he visto, en una noche de ansiedad en el jardín. Tú lo sabes, Cristy, sabes que una luna llena, un cielo estrellado y una soledad infinita, unidos en el alma, se convierten en una injusticia divina. Es una mezcla que no cabe en un corazón, donde haya todavía un hilo de vida. Por ello, Cristy, te lo digo, un sueño con esa profundidad no puede ser juzgado jamás, ni siquiera por Freud, ni por nadie, pues es un sueño imposible de soñar; solo se vive, Cristy, solo se vive, ¿puedes creerlo?

__Entonces, me iré, Cristy, antes de deshacerme aquí en pura nostalgia. Tendré cuidado y tomaré nota de cada cosa que vea o sienta. Creo que iré a un lugar ya visitado por la otra parte de mí. Ver con otros ojos, los ojos del alma, será una rica experiencia, estoy seguro. Tú lo sabes; en la diferencia está la verdad, lo real se esconde allí. Porque a veces la transparencia de los hechos o de las cosas, lo llevan a uno al descuido. Sí, quiero redescubrir y renovar aquellas imágenes. Hasta luego. Y cuida, por favor, de mi perro.

¡Está claro!, respondí a mis propios pensamientos y subiré a la cumbre donde está el símbolo material o, lo que es lo mismo, una metáfora del Punto Cero. Trataré de marcar en mi mente cada paso, cada mirada, como si fuera la última vez.

Bueno, en realidad, si lo pienso a fondo, me doy cuenta de que casi nada cambia, pues en esto de caminar en solitario…, no, no, ¿qué digo? Si no camino solo, nunca, ¡qué barbaridades pienso!

__¡Hola!, mi planta querida, creo saber tu nombre, pero no sé cómo escribirlo; nos hemos encontrado en los recodos de mis travesías y en los bordes de otros barrancos. Me han servido tus grandes hojas como paraguas o para doblarlas en jarras y beber en ellas el agua de los ríos. Tranquila, hoy, no traigo el cuchillo.

¡Ay! ¿Por qué seré tan pecador? ¿Por qué pienso estas cosas, Dios mío? Y a ustedes, zapatos, les recuerdo: será dura la fiesta, ya ven que es alta, la altura.

¿Qué diría Lara si me viera en estas tan oscuras circunstancias?, cuando la noche ya viene y yo apenas voy. ¡Qué decepción!, ¡qué amargura en la cuesta! ¡Halá!, ¡qué peste la mía!, ¡eh!; allá, una borrasca y de las buenas, de las que hace tiempo no pegan acá y viene temblando de frío. Tendré que correr, ¡adiós!, mis palmeritas del alma, a la vuelta hablamos; ¡miren lo que viene! Agáchense. ¡Oh tristeza!

__Oye tú, árbol de m…, que ni una rama has dejado caer nunca en tu vida, ojalá hoy, con esa ventisca que viene, no se te ocurra dejarla caer sobre la mía. Y no te extrañes tampoco si amanezco aquí, a tus pies, en ausencia de mi alma. ¿Para qué hablo? Si el miedo no se irá con el viento. ¡Caramba!

¡Mhm!

__Oye, ceibo, grandulón, si es que así te llamas, creo que salvaste anoche mi cuerpo. Espantaste los miedos… Sí, sí, aquí estoy. Tu fortaleza me ayudó, me dio confianza. Pero estuve soñando…, soñaba que el diablo me cargaba en sus garras y que había un chorro de bulla, un escándalo del cielo cruzando las tinieblas, me duele todo y mi saber no alcanza para un sueño así. A pesar de ello, heme aquí, sigo haciendo camino.

__¡Hola!, belleza, ¡cuántos colores tienes! Pero no te llegó tu hora, es que ya tengo una cuyo perfume endulza mis días. ¿Cuál es tu nombre? Bien…, eres una flor silvestre cualquiera, ¿pero es que acaso, por ser así, no eres de las más bellas e inesperadas en este mundo mío? Vienes de pronto a la luz de unos ojos que, en un amanecer como el de hoy, después de tanta lluvia desorientada, buscan una razón para vivir, para que este corazón palpite otra vez en la esperanza.

Para decirte adiós tengo un pensamiento, mi florecilla valiente: Casi te miré salir de la noche, naciste como nacen las mañanas al rocío y un colibrí te ha besado, ha robado la miel de tus labios. Pero ha quedado el fulgor de tus colores. ¿Qué sería de ti, si no hubiera unos ojos que te miraran? Pues bien, entonces, grabaré tu imagen en mi conciencia de la ternura, hasta que no se apague el sol. Y ahora, seguiré rumbo a esas nubes del cielo.

Venía pensando en olvidar mi promesa de grabar cada paso; pero al llegar al río, una piedra sentada en la orilla, muy seria, tenía sus ojos clavados en mí; eran unos ojos casuales que hablaban, traté de evitarlos, pero su mirada me seguía, automática; sentí que un frío repentino recorría mi cuerpo y hasta miré su vestido blanco, ¡estaba viva! Sé que lo vas a entender, Cristy, no olvides que estoy en medio de la selva y que olvidé mi cuchillo; es que aquí, a veces, se pone tan oscuro que uno no sabe. Era muy grande la piedra y se notaba la dureza de su carácter inclemente. Entonces, con un valor nuevo, me planté frente a ella, a cierta distancia, dispuesto a escucharla; pero solo escuchaba las aguas del manantial, hablaban de sus viajes al cielo y al mar, eran como un libro abierto; pues hoy, el manantial, estaba más caudaloso que nunca. Un minuto fue suficiente frente a aquella piedra, para leer su historia de siglos; había musgo en su piel, había resistido las ingratitudes del tiempo, ¡y de los pajarillos! Me pareció muy extraño hablarle a una piedra, era difícil decirle: "Lo siento, no volveré a sentarme sobre una de ustedes". ¿Cómo?, ¿dónde me sentaría si no hubiere un tronco caído?, ¿dónde soñaré cuando la soledad me acose? Traté de no prometerle algo que no pudiera cumplir, no era el momento para recordar a los políticos, ¡no! Es cierto, pensé, les he hablado a otras piedras, pero en otras circunstancias; decidí acercarme más y lo hice, poco a poco, con cautela y conforme lo hacía sus maldades se iban, cuando llegué frente a ella, ¡ya no estaban sus ojos!, solo había una súplica en su cara; al fin, le dije, con el alma decidida: "Sal de ahí, anda, vuela, ¿nadie te dijo nunca que eres libre? Abandona ese corazón tan duro, déjalo, sal de ahí, es tuyo el cielo y la tierra, no te detengas. No imites a los hombres que, en su mayoría, estamos atrapados en la noche de los símbolos, de pelos de gatos negros en los cementerios y de otras supersticiones demenciales, de negocios ilustres, de diezmos y de cielos e indulgencias inventadas".

__Bueno, amiga mía, ¡Mhm! ¡Ha muerto, se ha ido! Te dejo, aquí, en tu cabeza, una flor, una silvestre flor.

__Créame, Cristy, me ha sido muy difícil alcanzar este lugar: el balneario de las aguas calientes. Pero después de un baño tranquilo, mientras miraba hacia arriba, a través del ancho cosmos, logré enganchar en mi conciencia una idea nueva; ya había consumido dos días y tal como iban las cosas tardaría otros dos en subir hasta allá, donde estuvo la otra parte de mí, digámoslo así; las cosas iban muy mal y pensé que te preocuparías. La solución me vino, de repente, desde un pensamiento que había quedado en un hilo del tejido en mi mente; estaba claro: iría montado en el elefante, así tendría más campo en el tiempo para grabar mi travesía; además, usaría la memoria tan transparente de aquel animal.   Cuando engancho ideas así, tan profesionales y de tan alta costura, para que no se olvide nunca, cada quien construye su propio tejido de la vida, y un hilo es un hilo. Entonces, me entra una especie de alergia a las cosas ingratas y me sube una alegría casi eléctrica; porque esas cosas no llegan todos los días. Y seguiré pensando mientras exista, debo pensar; sí, sí, por supuesto, autocrítica, la autocrítica debe estar siempre presente en nuestra vida. Hay que ser creativo; cuando Descartes hablaba no había más opciones, ahora sí.

Para entonces la paja se había secado, me recosté, sobre ella, tranquilo. Pero, en medio de ese permanente pensar, el cielo me trajo el recuerdo de la otra parte de mí, la que está inserta en aquel grave problema; entonces detuve la mirada en una flor, pues sé, que a él, las flores siempre le han causado problemas y todo por no definirse. Es que una flor es una flor y una rosa es otra cosa. ¿Sería que no escuchó bien el consejo del Mago? Creo que por ahí está el nudo, pero debo aceptar que siento un dolor aquí…, Sí, sí, en el alma. ¿Cómo no comprenderlo?

__Vieras, Cristy, me habría encantado que estuvieras presente, aquí, ¡el elefante, mamita, el elefante¡ Yo no tenía modo de subir los más de tres metros de altura, de ese monstruo resbaladizo; llegué a pensar que seguiría, sin remedio, el camino de la amargura, pues, (¡es que todo lo hace María!) sentí que ya estaba desolado y cansado de luchar, por ello, me dirigí a su trompa, para, de alguna manera, con unas palmaditas, agradecerle su paciencia, tan grande como él mismo. Fue ahí cuando, de repente, me sentí casi volando, y cuando salí del trance me encontré sentado en la cima de su memoria. Un palmetazo bastó para indicarle el rumbo de nuestra aventura y aquí estoy. Fue un viaje tan rápido y tan efectivo como agradable. Eso sí, no grabé nada en mi cabeza, puesto que no fueron mis pasos los que me condujeron a este lugar, ¡claro!, saludé a los curiosos del camino y a la muchedumbre que aquí esperaba; aunque no tengo cómo saber si por mí o por el elefante. ¡Porque, es tan humano y tan tierno este animal, que no sé qué pensar! Espera, por favor, que de aquí tengo mucho que contarte.

__Pues te lo digo, Cristy, estos sucesos últimos de la mañana, dejaron mi conciencia un poco trastornada y con mucho dolor (por el recuerdo del suceso vivido el día anterior), hube de sentarme sobre una piedra. Son esas cosas que el destino ha marcado para mí, y he aquí, Cristy, que estando allí, deshojaba margaritas, cuando unas voces, ya casi nocturnas, me devolvieron el alma. Adivina ¿qué?, Cristy; pues eran Lara y las dos mujeres ¿Las recuerdas? Aquellas dulzuras. Miré y quise marcarlo todo, la llegada de la noche, los últimos suspiros de un celaje inédito y las curvas, Cristry, ¡las curvas infinitas! Donde se hunden los pecados y donde uno hasta puede perderse para siempre, más esto último, no debía de ser. Tomé, entonces, el rábano por las hojas, y les pregunté qué habría hecho yo para merecer tan deliciosos momentos. Sentía, de verdad, que iba en la cúspide de la ruleta, con el cielo de fondo. Pero Judith, quien tenía espíritu de adivinación, dijo: "He aquí: (había extendido, allí, un mapa virtual, hijo del infinito, pero, proyectado por María) que D (la otra parte de mí, situación que ellos no conocen) estará muy pronto sobrepasando esta línea que, ni más ni menos, es el horizonte de los acontecimientos. Ello significa que saldrá del ámbito marcado por la teoría de la relatividad y no sabemos lo que de ello pueda resultar". Bueno, noté que andaban un poco perdidos sobre mi identidad verdadera, pero, después de pensarlo un poco, les dije: Debemos recordar que él no anda en cuerpo y alma, sino que, más bien, es solamente la voz de su conciencia, es un punto de referencia en la conciencia infinita. Muy bien, es su verdad, pero pensamos que, talvez, usted podría detenerlo. En silencio me tragué aquel "usted." SÍ, sí, pero recuerden: pretendemos ser libres, no estar limitados por nada en el tiempo ni en el espacio. Así que aquí la paz y allá la gloria. La conciencia, inmensurable, es nuestro único límite. Esperemos.

Recordemos, también, que una noche cualquiera, mientras las luciérnagas salpicaban las montañas, Darío, el poeta, alcanzaba una estrella, solo por sentir el amor naciente de una niña. ¿Hay algo más sublime?

Entonces, Lara y Sofía pusieron la carne en el asador; mientras, en otro cacharro, esperaban calentitas, las patatas y las tortillas; entonces, el olor comenzó a naufragar en el océano de la impaciencia, pero..., no cabe duda, hay momentos dichosos, de verdad, en la vida.

Ya con la calma en el estómago, Lara decidió romper el silencio que empezaba, de por sí, a estar gordo. Y he aquí que yéndose junto a la roca, símbolo de un sistema filosófico aún no determinado totalmente. Se detuvo y giró, miró a la noche, se miró sus manos limpias, sin manchas de pecados y una vez más nos sorprendió... ¡Un As de espadas coronó el suspenso! Fue genial. Pero entonces habló y dijo:

__Henos aquí, a un paso nada más de Macedonia.

__No, no, Lara, por favor __le dije__ ¿Es que acaso estamos en una asamblea de diputados, donde hay expertos en perder el tiempo?

__¿Es que comiste de esas hojas? __dijo Sofía, alarmada, ya frente a él__ de esas que comen algunos mandatarios, pocos por fortuna, para mandar más y más.

Lara, lejos de escuchar, continuó su discurso y ¡mire de qué manera!, ¡Santo Dios de todos los pensamientos!

__He aquí, que he creado un mundo nuevo para que os gocéis en él, entrad todos, entrad, que mi reinado se extenderá por todos los tiempos...

Judith se acercó a mí con una mueca en su cara y un manoteo en el aire, como tratando de cazar a malignos espíritus, pero nunca le salió la voz.

__Y por los mares del oriente y del occidente, traeré de India los ácidos limones que salvarán a mi pueblo de tantas pestes, siguió Lara, diciendo, con las manos en el fuego.

__Déjalo, déjalo__ le dije a Judith__ quien estaba a punto de volar; conozco ese versículo, ya le pasará.

__Después, Cristy, solo recuerdo que quise hacer algo; pero la noche se metió en mi conciencia, y me lancé hacia acá, con desesperación en el alma. Fue, entonces, cuando alguien puso lodo en mis ojos... Orientado solo por las voces de las aguas en el manantial, rodé hasta caer en ellas, me lavé y es ahora cuando he despertado. No lo sé. ¡Creo que me vine en el tren de las nueve! Porque... ¿No has visto al elefante, eh?

__¡Mhm! Creo que estuviste extraviado por muchos días y que viniste por tus propios pies. Además, me pregunto: ¿dónde están Lara y sus amigas? ¿O sería que...? -¡No!, ¡no!, ¡no!..., no inventemos, que tengo hambre.

Comeré plátano de ese que tienes allí, ¡ah!, y leche agria.

__Por ello, Cristy, te ruego: no me pidas que te narre mi descenso, pues no estuvieron allí, por supuesto, mis mejores momentos sino, más bien, una curva inesperada en el camino de mi vida. Y Alejandro el Grande se quedó con el discurso en la boca. Aquel teatro no me pertenecía, Cristy; era sal en mi herida. Te diría; sin embargo, pensándolo bien, que mi regreso estuvo escondido en la oscuridad de la noche.

La muerte de Dux.

__Pero, Cristy, no me digas que... ¿Qué ha sido de mi perro...?, ¡por favor!

__Dux murió.

__¿Cómo?, ¿por qué...?, ¿dónde está?

__Pues, como pude, lo enterré allá, bajo la sombra del quizarrá, donde se echaba mientras tú escuchabas lo que escuchabas.

__Bien, no voy a llorar por ese condenado animal; pero, bueno, ahora iré por allí a pensar en cosas más importantes. Nos veremos más tarde.

__Hola, Dux, ¿por qué no esperaste a que yo volviera? ¿Por qué? Siempre me jugaste la vuelta, ¿por qué fuiste así, Dux? Se me quedaron muchas cosas, aquí en mi conciencia, que nunca te las dije. Dux..., perdóname; pero te recordaré siempre, allí, junto a la leña, ¿qué más podré hacer?

Cuando la luz aparece.

__Hola, Cristy. Buen día. ¿Sabes?, no he dormido bien durante estas últimas noches, he estado un poco preocupado por ese, a quien ustedes llaman: D. Es que siento como si él fuera yo mismo; no sé, hay algo de mí que, a veces, parece no estar conmigo, se va, como un amor confundido, y, en ocasiones... ¿Cómo puedo saberlo, Cristy?, pienso que estoy partido. Por ello, cuando me siento allá, en el suelo, bajo aquellos almendros, donde anidan las lapas verdes, me pongo a llorar y hago como si estuviera jugando a las damas sobre la humedad de la tierra o como si remara sobre las aguas del lago Peirce, en Singapur. Todo esto, creo, es solo para defender esa parte de mí que no está, que se ha ido y me ha dejado, como a un pájaro desplumado; he ahí, cuando la vida se me llena de tristeza y los otros pajarillos se van con la algarabía de sus vuelos retorcidos.

Por eso, cuando me ves ir sin rumbo y revolviendo la hojarasca, no puedes imaginar, obviamente, lo distante que andan mis pensamientos, allá, al otro lado del horizonte, donde, quizá está la diva, aquella; ¿la recuerdas, Cristy?, la que me mostró la gloria y me hizo soñar. O, talvez estoy pensando en el vacío que hay entre las dendritas, donde se cultivan mis olvidos, ¿quién sabe? ¡Ah!, y a propósito de olvidos, Cristy, aquí tienes otra misiva de él... Punto Cero de luz.

Puerta Grande, El cielo

Hoy

Srta. Cristy:

100m Sur del quizarrá

Chocita de paja

Montañas de verdes multitudes

No tiempo

Querida Cristy:

Como en tantas otras   ocasiones, Cristy,   he sido sorprendido,
una vez más, por estas cosas que se dan en mi vida. Pues, estando muy
tranquilo en Puerta Grande, El cielo, así de repente,   sentí   que todo se
hizo pequeño, que podía saltar entre las galaxias y hasta entre los
universos; un éxtasis me invadió, corrí, pero, poco más tarde,   mi visión
se apagó, como si una mano   cubriera mis ojos   sin ninguna
compasión…, y ¡todo se fue!

Cuando mi conciencia volvió en sí, pues eso fue lo que sentí, me
encontré ante un espectáculo maravilloso y revelador. Pues, fíjate que
de pronto comprendí lo que es el Punto Cero. Sabes bien que yo ya casi
había abandonado la idea de conocerlo, de saber lo que era. Pues, mira,
es ni más ni menos que la nada. Pero, es que la nada, Cristy, es lo más
grandioso que se pueda conocer, es el vacío, es donde habita la madre,
¡es ella misma! Sí, la hacedora de todas las cosas. ¿Sabes qué?
Agárrate de cualquier astillón, por favor, y escucha; ¡estaba pariendo!;
aquella Nada, estaba pariendo. Lo que hemos llamado el Big Bang es
tan solo un parto de la Nada; si no hubiese sido por ese hecho no habría
encontrado otra cosa que la Nada, puesto que ni yo mismo me veía,
era la Nada absoluta, pero un pensamiento se hizo luz, una luz hija de la
Nada, era una luz infinita, ¡así de pequeña!, y no era otra cosa que el
inicio de nuestro Universo. Así son estas cosas, Cristy, ¿cómo es posible
no haberlo imaginado   nunca antes? Sí, sí, en realidad es así como
debieron haber sido las cosas.   Somos hijos de la Nada, la madre de
todos los universos. La Nada, a quien he llamado yo, tantas veces aquí,

María o el Punto Cero, y esto queda despejado, Cristy, ¡ya, para siempre! ¿Te imaginas lo que ha sido para mí? Una situación que había esperado por tanto tiempo, pero…

__¡Ja!, ¡ja!, todo esto ha sido tan fácil y sencillo, tan infantil, pero sobre todo tan normal y natural. Para dicha mía, Cristy, mi corazón no estaba conmigo, lo contrario pudo haber sido fatal para él. Estas han sido mis emociones de alegría irresistible, aun con todas mis experiencias.

Pero si lo pienso bien, Cristy, estas cosas no debo contártelas desde aquí, no así, como lo hacía San Pablo, sino más bien, debo narrártelas, allí, en la comodidad de nuestra chocita, así que estaré ahí, cuanto antes mejor.

Saludos, Cristy.

Ponles agua a los jazmines, por favor. Hasta luego. Yo. D.

__¡Hola!, Cristy, ¿cómo? No. no, a mí no me ocurre nada, ¡no! Probablemente has estado soñando, eso sí. Apenas vengo llegando de unas extrañas aventuras y, por esta vez, me alegro de no ser yo quien se ha salido del horno. No debes preocuparte, ha sido un simple desliz de la mente tuya, debes estar tranquila. Nunca he estado mejor, ni menos podría decirte que soy así: como un pájaro desplumado. ¡No!, ¡no!, ¡claro que no!, ¿por qué? Por otro lado, ya estoy aquí, deseoso de contártelo todo, porque ya no puedo tragar tantas cosas, en esta soledad infinita; a veces pienso que ya no habrá nadie para escucharme, pero también es verdad que ya casi nadie escucha a nadie. Sí, sí, mis aventuras, ¡por supuesto!, son las que convierten esta soledad en "solitariedad", son mis amigos del más allá quienes me liberan. ¡Claro!, ¡sí!… lo sé, esto es difícil de comprender; pero si nos conectamos a la conciencia pura, no habrá obstáculo que no se caiga, tranquila, Cristy.

Así que ahora, estoy listo, cuando quieras, podemos comenzar.

Muy bien, pues, tal como te lo dije en la última carta, estaba allá, en Puerta Grande, El Cielo, cuando, de repente, todo se hizo pequeñito o yo, me hice grande, infinito; no lo sé pero, para la ocasión, me era igual. Entonces, corrí, volé con mi pensamiento hacia el inicio, al comienzo de todas las cosas, con tan buena suerte, que a pesar de algunas nubes en mi mente, todo, pero lo que se llama todo, me salió bien; casi me dan escalofríos y se me pone la piel de gallina cuando lo pienso. Y es que, de tantas preguntas que me han agobiado, todas encontraron, allí, la respuesta. Cuando me encontré frente a aquel vacío infinito, así, de repente, supe que también yo formaba parte de ello y que siempre una parte de mí había pertenecido a ese vacío. Mi cuerpo, esto que ves aquí, es una manifestación de aquello. Pero nuestra alma, Cristy, es el cordón umbilical, es la conciencia que nos mantiene unidos al vacío, al campo del amor; que también, ¡por supuesto!, está dentro de nosotros, en cada célula, en cada pensamiento. Es maravilloso ¿no te parece? No olvidemos algo muy importante: me encontraba en la octava dimensión, donde convergen todas las cosas, el tiempo y el espacio son igual a cero; he ahí el Punto Cero, como quien dice: la Nada. ¿Te das cuenta?, y ¡cuál no sería mi sorpresa!, cuando, encontrándome allí, todo se inició; presencié el parto: la Nada, aquel vacío infinito, daba a luz en aquel momento. Una parte de la Nada estaba manifestándose, salía luz, ¡era luz!, este universo estaba naciendo. Y es que, hace miles de millones de años y este hoy, son lo mismo. El tiempo es una ilusión, Cristy. ¡Sí!, ¡sí!, ¡cálmate!, ya lo sé: Universo significa: todo; universidad también es solo una, dicen, pero hay millares; eso no va conmigo sino con el lenguaje. Yo qué sé, perdóname, Cristy, de esto no sé nada. ¡Pues yo estaba allá y acá también; es igual, todo es luz, todo era luz, y yo, yo era parte de ella; soy parte de ella, es maravilloso! Pero esto, así, es solamente el principio. Entonces, lo vi todo claro: la Nada y el Punto Cero eran lo mismo, son lo mismo; sentí vergüenza, ¡por supuesto!, por no haberlo sospechado nunca antes y me pregunté: ¿Qué irá a pensar Lara cuando conozca estos desatinos míos? Sin embargo; la felicidad se apoderó de mí, quizá por ser el único partícipe de aquel espectáculo; y me quedé allí, Cristy, tenía que saber todo lo que aquello significaba.

Todo era luz y la verdad alumbró mi conciencia. Mi conciencia era la luz... Pero, Cristy, no lo digas nunca, por favor. Mi conciencia es luz, es una luz como la de este fogón, que ya nunca se apagará jamás.

__Y ahora, Cristy, vienen cosas tremendas, quizá muy difíciles de comprender, pero las vi, las escuché de María, de la Nada, madre de todo lo que ha nacido, de todo lo que es; no puedo ni debo quedármelas, no tendrían sentido si así lo hiciera. Por ello, Cristy, debes preparar tu mente, pues muchos paradigmas, para no decir todos, van a rodar cuesta abajo como lodo.

__Bueno, Cristy, lo del viaje, ¿cómo lo hice? Es fácil, tengo, al igual que todo ser humano, este cuerpo perecedero, que podemos ver y tocar, pero también otros cuerpos, no importa cuántos; que son existencias no mortales; he aquí el secreto, he aquí la alegría inmensurable de vivir. Pues bien, Lara y la beldad aquella, me enseñaron cómo hacerlo, cómo viajar sin llevar, por supuesto, este cuerpo que estás viendo y que va morir sin pena ni gloria. Es que de este cuerpo mío, Cristy, no quedarán ni fotografías, por si no te importa saberlo. Te lo dije antes; no supe si fue que yo crecí o que todo se hizo pequeño, lo que haya sido tampoco tiene mucha importancia. Para no dar más largas a este asunto, ahí va: aquella luz, que ya estaba dentro de mí, pero, que yo no conocía, poco a poco se fue manifestando en mi conciencia y mi conciencia se fue poniendo clara. Entonces, ¡empecé a ver! Y ahora creo que en estas cosas de la conciencia, fui siempre un ignorante de cualidades cósmicas. Como llevaba tantas preguntas en mi cuerpo cuántico, en mi cuerpo virtual o en el astral, ¿quién sabe?, de tantas vidas anteriores y de esta misma, en mis genes, en mi sangre, tampoco lo sé; pero ahora..., allí estaban las respuestas y ¡tan claras! Pues, lo primero que escuché venía desde aquella luz, que, ¿quién es Dios? Pues es, eso: lo que usted no uede ver allí, ese vacío, que no es vacío, es más bien energía e inteligencia infinitas. Leí en la luz: Soy María, estoy en todas partes y en ninguna; soy la luz. "Soy tu inteligencia", me dijo, "Tu conciencia, y por ello has podido venir".

__Te diré una cosa, Cristy, la inmensa mayoría de nosotros no hemos conocido nuestro propio ser y hemos vivido ignorando de dónde venimos; esto es terrible, porque ese pasado sigue siendo parte del ahora, de nosotros. Y, si aquella luz que nace allá, hace miles de millones de años o ahora mismo, es también nuestro inicio, nuestro nacimiento; nuestra alma, Cristy, lo repito, es el hilo que nos une con aquel inicio. Si no sabemos esto o lo hemos olvidado, entonces, tampoco sabremos nunca quiénes somos ni para dónde vamos; estaríamos ignorando la naturaleza de la realidad, nuestra propia naturaleza, la naturaleza de nuestra existencia; ello ha sido la causa, Cristy, de tantas desdichas y dolores, de tantos miedos; en fin, de casi todos los sufrimientos de la humanidad. Y digo casi, seguramente, guiado por la fuerza de la costumbre, pues, no encuentro otra razón; porque la muerte, Cristy, es apenas algo más que una triste despedida. Esta terrible ignorancia nos ha hecho víctimas de los comerciantes del espíritu, quienes sin compasión, con un dios en una mano y un demonio en la otra, que a veces hasta los confunden en sus prédicas, nos venden el perdón y en lugar de señalarnos el sendero de la luz, ¡bueno!, porque, seguramente, no lo conocen, nos ponen piedras en el camino.

Pero, mira que será mejor que esto último lo escondas en el olvido, pues, es muy triste; ...Sí... pero, es la verdad.

__Y ahora, Cristy, después de mirar esa silla, la jarra y esa flor, y encontrándome tendido en esta cama mía, que hace tiempo se ha convertido en el diván de mis sueños, y después de todo aquello, ¿qué nos queda? Muy bien, sí, primero: dejar que estas alegrías que invaden mi estómago y me dan cosquillas hasta en el alma, se acomoden, que tomen total posesión de mí; pues, estas alegrías, son parte de las cosas que hay que guardar para siempre, al alcance de un pensamiento y así poder endulzar con ellas, cualquier amargura, cualquier rinconcito de la vida; nunca se sabe todo, siempre habrá algo más. La Nada está pariendo siempre y ¡hasta siempre!, Cristy.

__Pues, mira, que ahora viene lo más extraordinario: tendremos que leer, desde aquí, los designios cósmicos, los mandatos de María, las intimidades del Punto Cero, el vacío; así como hemos comprendido la naturaleza de las cosas que creímos más cercanas; los árboles, lo que dicen, esa muchedumbre verde, todo lo que hay en el entorno, Cristy, hasta el viento. Si podemos comprenderlo todo, no estaremos solos, nunca más... Así será.

__Pero antes, hay algo muy importante aquí mismo: esta chocita hace tiempo que habla, sus colgantes vuelan y, en su techo, entre las tibias palmeritas, crecen las esperanzas. ¿No crees, Cristy, que ya es hora de colocar en el esquinero ese, el de la canfinera, un ramillete de rosas?   Y, ¡claro!, en esta quietud que nos ofrece, en este chorro de silencio, ¡cómo no!, hay un punto de encuentro; porque aquí fluye, abundante y en todas direcciones, una inteligencia no circunscrita; es el mismo amor, que aquí ha enraizado con el tiempo; inteligencia a la cual podemos estar vinculados permanentemente. Nuestra alma, Cristy, que es una manifestación, una florecilla del alma universal, de la inteligencia cósmica, nuestra esencia nos da posibilidades infinitas.

Entonces, ¿qué más podríamos pedirle a la vida? Es solo que debemos tener conciencia de tan maravilloso poder. En este diván suceden muchas cosas, Cristy, y, sí, hay más, te lo mostraré ahora.

Espera un momento, por favor, mira el horizonte... ¡Viene, viene hacia acá!, ¿o es que nosotros vamos?, ¿ah? Es el umbral de este tramo de la vida, es la muerte. ¡ha llegado! Ahora se abre y despeja el paso, ¡es el momento de morir!, de ir a otra dimensión, donde ya estuve. ¡Mira!, hay paz total... y los colores están vivos. ¡Mira!, ¡mira cómo todo fluye!, Cristy, graba cada suceso en tu memoria, grábalo, que la vida está hecha de momentos, y estos momentos   siguen viviendo. ¿Cómo interpretamos esto, Cristy, si aquí no hay distancias, ni tiempo, todo es igual a cero?, ¿lo ves?

__¿Sabes, Cristy? Creo que esto, de que el tiempo y el espacio no caminan, es más bien un cuento chino; bueno, por lo menos aquí, donde estamos ahora, no allá, donde nacen todas las cosas. Aun al otro lado, antes de la muerte, puede sentirse este amor, ¿lo ves?, ¿lo has sentido?, ¿te has dado cuenta? Ahora toma nota, ves cómo todo fluye, todo está claro, ¿por qué?, porque aquí, nuestro ego se ha borrado, ya no vienen con nosotros todas aquellas creencias y paradigmas que nos aquejaban y, ¡por supuesto!, no estamos pendientes del qué dirán ni de las tierras misteriosas del campo santo. ¿Recuerdas lo que te he dicho tantas veces sobre los diezmos y los gatos negros? Ves cómo flota aquí la verdad y cómo se siente el amor, ¿lo ves?, ¿lo sientes…? Ahora, déjame. Hablaré con don Alcides, él quiso ayudarme una vez y le estoy muy agradecido; tendré que decírselo, cosa que no pude hacer antes de su muerte. Después, volveremos a la chocita y yo a mi diván, allí te contaré lo que haya escuchado o podido ver aquí.

_¿Ves cómo hay una sincronía entre todas las cosas y los hechos? Ahora estamos en la frontera, podemos decidir si hemos aprendido. Algo vibra dentro de nosotros, Cristy, sabemos de la interrelación de todos los sucesos; ¡claro que debemos aprender de todo esto!, porque, allí,   donde está nuestra chocita, suceden las mismas cosas, con la misma precisión, pero no las veremos ni las sentiremos nunca, si seguimos cegados por los prejuicios, cuyas raíces están entrelazadas con la ignorancia y la desidia, que por tanto, no florecerán jamás; o en el mejor de los casos producirán, talvez, amarguras. ¿Vez las diferencias?

Plática con don Alcides.

_Pues, mira que sí, tuve una larga plática con don Alcides, fue un placer tan grande, Cristy. Cuando yo solo tenía doce o trece años él, me ayudó para que terminara la escuela primaria.

"Antes de irte a la escuela, por la mañana, ordeñas esas vacas, que lo más violento que hacen es rumiar", me decía, con un aprecio casi desconocido para mí. "Serán siempre cinco o seis, una se va y otra viene; aquí está este embudo; algunos de los vecinos vendrán con sus botellas u otros envases en busca de la leche. Te pagarán de inmediato, cada quien lo suyo, ahí están los precios; tomarás cada día tus seis reales para que te los lleves a la escuela". Era mucho dinero, de verdad. "Lo demás me lo dejas, allí, bajo llave, yo tengo las copias", me indicaba. Más tarde, quiso ayudarme para que pudiera continuar mis estudios, pero las circunstancias lo impidieron y hube de venirme. Aquí nací, eso creo y aquí aprendí a ser agradecido. Por ello, ahora que pude verlo en aquel paraíso, lo hice; le agradecí, me eché a sus pies con todo, estaba allí, entero, no tenía más. Él se veía feliz, ha sido feliz desde que murió.

Después de volver sobre aquellos días y revolver sobre los recuerdos me dijo: "Aquellos hechos constituyeron la semilla, la semilla de lo que ahora eres". Me dejó crudo, pues, ¿qué es lo que soy ahora?; me vio la inquietud, entonces agregó: "Has aprendido mucho, y si no, ¿cómo pudiste venir hasta este lugar sin haber muerto aún?" Iba a decirle: "Sí, don Alcides, estoy bien muerto", pero le dije: "No, lo que ocurre es que tengo otras orillas, otras cualidades, que se me han dado allí, en la soledad, donde vivo. Allí las plantas, los animales y las circunstancias me han enseñado los misterios y las profundidades de la vida". Y no pude resistir sin decírselo: "Mi chocita es de amor, hasta allí han llegado una flor exquisita y una ola, conciencia del mar".

Entonces me miró lejano…, se volvió hacia la inmensidad cósmica y, de una en una, miró las estrellas. Cuando el suspenso terminó, se le hizo la luz. Sus ojos, otra vez, como en aquellos tiempos, taladraron mis pensamientos y acto seguido, con un giro hacia la nada, le dieron el turno a su boca. Se rompió, como un cristal, límpido y sabio.

"Debes comprender", me dijo, tu luz es lenta y vaga, todavía no puedes esperar a que tu voluntad sea hecha, así, de repente; solo alumbra y deja, tú sabes lo que el tiempo es allá. Sabes que no son solamente los narcotraficantes ni los lavadores del sucio dinero, ni siquiera los guerrilleros o los traficantes de armas, los causantes de todos los males del Siglo Veintiuno; ¡no!, ¡no!, ¡jamás!. Más bien somos las mismas personas, somos todos; bueno, quizá no todos, los que decimos combatir esos daños, que bien sabemos, con dinero, nos bailamos al mejor cristiano. Y esto último está más que comprobado.

Aparte de todo ello, la mayoría sabe que si se legalizan las benditas drogas, tendremos negocios redondos, con los impuestos podremos financiar ejércitos ¿Qué para qué diablos sirven? Pues para cuidar el negocio, ¡muchacho de dios! ¡Ah!, y de primera línea, papito. Y, ¿te imaginas cuántas cosas más?; sería la belleza total en la tierra, no para todos, ¡por supuesto!, pero todos hemos aprendido que es mejor una panza llena que cien con hambre. En cambio, si se acaban las prohibiciones, ¡qué tristeza!, el negocio, la industria de las pantallas, la televisión y el cine, con sus historias de narcos y famosos, asesinos y otros, serían eso, historias, en su mayoría, sería muy mal negocio, caerían como caen las flores, como caen las hojas en otoño. Seguramente, muchas cárceles se convertirán en estúpidos museos; el financiamiento para las guerrillas y la compra de armas, se irían a pique y los bancos... y los gobernantes, no todos por supuesto, ¡ah!, y las iglesias, ¡h!... Cállate, solo lanza el anzuelo y espera el tirón; ¡cómo gritan, cómo bailan, cómo aman...! Al amado pueblo, a los hijos de Dios. He allí, hijito mío, el problema. ¿Quién le da el puntapié a la escalera por donde subió? Solo alumbra y deja allí la luz, el tiempo se encargará, no insistas más, no hagas el ridículo, no seas tonto.

En cuanto a la mujer como género: ¿Qué puedo decirte? Apenas ahora han comenzado a gobernar y lo hacen con mucha fuerza, casi con violencia, allí sí, lo mejor es callar, recordemos que ellas se han tragado siglos o más bien milenios, desde el emperador Amarillo, pasando por San Pablo y por todos los santos, sin más derechos que los de llorar, a veces a escondidas en el silencio, para no ser castigadas. "No, no por favor, no toques a Dios con las manos sucias", me dijo, "!No!". Bueno, pues sí, de acuerdo, Cristy, él no me lo dijo de esa forma, es cierto, sino más bien, con palabras más brillantes, pero... ¿qué puedo yo hacer con mis olvidos?

Y me habló de muchas otras cosas: de las vidas anteriores y de cómo, poco a poco, se aprende a quererse a uno mismo, a verse en el espejo y sentir amor, más todavía, ver en uno a los demás. De cómo, cuando uno se quiere a sí mismo, también se vuelve capaz de amar a los demás, porque, con el tiempo sabremos que todos somos manifestaciones de un mismo amor, somos la misma florecilla vista desde diferentes ángulos. ¡Me habló de tantas cosas, Cristy!: de esta vida, aquí, de los sueños, de las ilusiones y de los potenciales que hemos echado por la borda, nada más por cultivar la ignorancia, porque dice que la mayoría de las religiones se dedican a ello, a cultivarla, con eso de que hay un dios que todo lo ha dispuesto, que nadie puede con él, como si nos hubiera puesto aquí, descerebrados, para poder divertirse en sus momentos libres viéndonos pelear. El quetzal gasta su vida orando para no desteñir sus plumas en la selva, pero no se salva, o ¿sí? En fin, Cristy, don Alcides fue muy pródigo conmigo. Debo agregar que desea darnos mucho más de sus saberes, dice que quizá alguien, algún día, encontrará la utilidad de todos estos conocimientos. ¡Tiene mucha fe! Hay muchas personas conocidas, unas, otras no, que están llenas de sus conocimientos y del amor, que desean, también, poder aportar algo a través de nosotros. ¿Te imaginas?, podríamos escribir algunos libros; lo haremos algún día. Por ello, es urgente que podamos dar vida a las palabras, que salten al encuentro del lector; que salgan de las tinieblas como un rayo de luz. ¿Cómo dar vida a las palabras, Cristy? Debemos hacerlo; tendré que ver a mi amigo Po. Es un ser increíble, no lo dudes.

__ Ahora, Cristy, debo pensar… ¿Ves ese arbusto, allí? Se llama, aquí entre nos, "Pavilla" y entre mis deudas en mora, está el agradecerle por los muchos servicios prestados, no tienes idea.

__¡Hola! ¡mi querido pavilla!, hoy quiero tu sombra para estar, para meditar y, ¿quién sabe?, talvez, para soñar. Tus flores con su perfume, que suspendido en el silencio, tranquiliza y adormece, querido amigo, hacen también, una alfombra lila aquí a tus pies. Pues, mira, hoy leía un diario de este país, de los que me han servido, durante años, como colchón, en mi cama y vi en él que todas las predicciones y los comentarios que hicieron allí los expertos y periodistas, ¡por supuesto!, estaban tan amarillos como los noticiarios de la televisión y que, el tal papel…, ¡no!, ¡no!, jamás comparado con tus hojas suaves y tersas, ¡no!, ¡nunca!... Aquel solo sirve para envolver algún murciélago, cuando en su errático vuelo choca y se mata; así, su entierro se llevará, también, el horror de la noticia. Por eso, hoy, previendo un final feliz, te rindo las gracias, mi querido amigo, y te pido, por favor, esta alfombra, junto al silencio de la tarde, para colocar aquí el piano de Chopin; así, sin dioses ni alados caballos nos iremos flotando sobre la música. ¿Lo sientes?, amigo mío, ¿vez la belleza que nos rodea?, ¿sabías lo que era esto? Ahora, mira cómo abrimos una ventana al cielo, y en el milagro de la alfombra, con la vecindad de la noche, amamos a las estrellas. Luego del romance, quizá la voz de Barbra Streisand nos lleve de nuevo a poner los pies sobre la tierra. ¡Sí!, ¡sí! Bien decía la deidad aquella, dueña de la música y amiga de mi corazón, que la conciencia es el amor, y que si el universo tuviera límites, nos plantaríamos afuera, en la rama más alta de la creación, para desde allí, admirar su grandeza.

¡Sí!, mi amigo, ¡sí!, fue un placer viajar sobre el color de tu alfombra; es más, mira que mientras dormía, allá, en el cielo, tuve un sueño maravilloso: que ya los legisladores de mi "matria", se habían dedicado a trabajar por la patria que tanto quieren y que ahora todas las encuestas les daban la razón; eso sí, lo sentí mucho al despertar. Pero no hay duda, la posibilidad existe, es cuestión de un poco de amor a sus "conmatriotas", y lo digo en serio. Todos, bueno casi todos, sabemos quién es nuestra madre.

Plática con un arbusto.

__Pues mira, Cristy, ¡le hablé!, le hablé al arbusto, al pavilla ese, del que un día te hice mención, ¿lo recuerdas? Él es una de esas cosas que están en el paisaje cotidiano desde siempre y que no son parte de lo que el viento se llevó, que de tanto mirarlo ya no lo miramos nunca, tú lo sabes y yo te lo digo; fue una experiencia gratísima, primero, y después otra cosa. Alcancé a vivir el éxtasis cuando manifestó su alegría y su comprensión, cuando me prestó su alfombra y viajó conmigo al espacio. Pero luego, como si el tiempo estuviera a punto de acabarse, sin querer gastarlo en reflexión alguna, de repente, dejó salir su angustia, cultivada en la espera por tantos y tantos años de silencio y se dejó caer. Me impresionó mucho verlo lanzar sus penas al viento; unas hojas amarillentas, ya sin ninguna esperanza. Habló de su sistema circulatorio y de los soles que ha visto pasar a lo largo de estos años, del color verde de sus hojas nuevas y el lila de sus flores; de cómo se había salvado de los bárbaros, quienes armados de cuchillos, dilapidaban el oxígeno, cada vez más escaso en la tierra. ¡Total!, cuando me vine quedó llorando bajo una ingrata llovizna.

__Casos así, Cristy, que además abundan, son los que le chocan a uno en la vida, ¿por qué no le hablé, nunca antes? ¿No habría yo dejado una parte, quizá de mí, bajo su techo de frescas hojas? Por ello, de tarde en tarde me veías ir hacia esas colinas, con el sombrero de lado y un pensamiento difícil de cargar. Allá me sentaba sobre un tronco caído y sacaba cuentas de lo que sí y de lo que no, porque, ¿qué otra cosa…, si no había margaritas, ni una mariposa? ¡Sí!, ¡sí!, ¡claro!, también, ocupaba de los campos de golf y daba conferencias sobre el suelo del bosque. Allí me quedaba, mientras no se acababa el chocolate; pero ¿qué más podía hacer?

__Pero, Cristy, espera, verdad que estoy lleno de gozo, siento que mi cabeza gira como un astro del cielo. Y que tengo por qué estarlo. ¿No lo has notado? Por favor, Cristy, fíjate que anoche nada más, estuve en comunicación con una estrella. En realidad, lo que sucedió fue que ella vino y se posó allí, sobre las olas del mar océano; nadó, no sé por cuánto tiempo, minutos u horas, talvez, pero, mientras se balanceaba como una flor sobre las aguas, me dedicaba unos deliciosos cánticos y sobre las ondas musicales, ¡me miraba! Sus ojos destellantes y su sonrisa enigmática se reflejaban el mar. Tengo que decírtelo: en realidad me impresionó muchísimo, fue sensacional; pero, aunque luché, nunca llegó ningún pensamiento en mi auxilio. Sentí cómo el amor llega y se va, sin poder hacer nada por él. Ello, Cristy, me ha quitado el sueño. ¿Qué piensas…? ¡Cómo que no hay mar! Mira, que aquí la luz cabalgaba sobre las olas y esta chocita podía verse en aquel móvil espejo, así como una sombra, como un fantasma despeinado, pero tibia y más bella que nunca. La estrella, Cristy, ¡por algo es estrella! me robó el alma. Y esta muchedumbre verde, en coro, cantaba. Había lluvia también y lágrimas de sal. Todo aquello junto se metía en mi corazón. ¿Cómo podría yo no estar feliz?

__Pensaba, también, querida, Cristy, que ya es hora de comenzar a resumir todos estos hechos. Hemos transitado casi todos los caminos, hemos tocado los secretos del tiempo y del espacio, hemos visto que no hay nada más difícil que el vuelo de las águilas. Todo es tan natural, todo es tan pequeño que, no hay nada más grande que esta nuestra chocita. Vimos pariendo a la Madre de todas las cosas, tal como lo hace una gata. ¿Cuáles secretos quedan entonces bajo la alfombra, Cristy?: ninguno. Podemos manejar el portal energético, la puerta al futuro, al más allá. No, Cristy, no queda ningún secreto por mirar. No debemos ponernos difíciles, ¿para qué estar retorciendo nuestra existencia?, ¿para qué andar ventilando nuestros trapos sucios, buscando la salvación, como si la hubiésemos olvidado en algún lugar, o como si alguien, por dinero, fuera a salir por allí a devolvérnosla? ¡No!, ¡no!. Ya basta de capitales amasados con las mentiras y la ignorancia. Y a ellos, los ideólogos de semejantes modas, ¿quién los va a perdonar? ¿No será mejor vivir hoy y usar todas nuestras capacidades para volar, para sembrar las cosas buenas y recoger las buenas cosechas de Dios? Conocimos la naturaleza de la realidad. Todo es claro y tan transparente, como el agua pura; nada hay por inventar, nada hay por descubrir, todo está ahí, en nosotros y dentro de nosotros; podemos sentirlo, ¡claro que sí! Este cuerpo que hoy podemos ver en el espejo morirá, talvez mañana, o ya murió, como todo lo que ha nacido, como todo lo que vuela, todos lo sabemos; entonces, ¿cuál es el problema, de dónde...?

__Pero la vida no nació nunca; por tanto, tampoco morirá. Es amor, es Dios, es nuestro ser. Lo dijo alguien muy importante: No tengáis miedo; entonces, ¿Por qué temer?

__ ¡Pero, mira, Cristy, mira, ¡es mi abuelita!

__¿Qué haces aquí?, ¿a qué has venido? Mira… ¿Has traído más conchitas?, de las caracolas aquellas, ¿las recuerdas? ¡Pero si yo…! Has venido con las olas!, abuelita mía; siéntate aquí, sobre la arena. Seis conchitas, seis manifestaciones del amor, póntelas cerca del oído y escucha cómo cantan, escucha abuelita, ¡la voz del mar! ¡Sí!, ¡sí!, otra vez yo. ¿Por qué esta dicha infinita?, ¿Ah? ¿Cómo? ¿No has traído conchitas, entonces…? ¡Cómo! ¿Qué estás diciendo? ¡Ah!, ¡sí!, ¡sí!, perdóname, por favor, Madre, lo que sucede es que, bueno, sucede que uno aquí, en medio de todo esto…, y el perro que me acompañaba murió… ¿eh?, ya con muchos años encima, sí. No lo sé. Hay sentimientos para los que, aun cuando se encuentren luchando por salir, yo no encuentro las palabras apropiadas, mis alcances me traicionan y… ¡Ah!, sí, ¡nos encontramos en el campo cuántico! Ya entiendo sí, ¡el silencio!, ¡bueno! aquí no es difícil; puedo decir que aquí el silencio vive; uno puede abrazarlo y, a veces, en el vacío del tiempo, hasta puede amarlo, es mi maestro, la verdad, es mi creador y se confunde con mi otro silencio, el que está muy dentro de mí. Sí, también, ¡claro!, es necesario ser consciente de ello; la verdad, no lo había sospechado, ahora lo entiendo todo, creo. En este campo, aquí, se abre un camino, un sendero, donde surgen el conocimiento y la creatividad. Pero, madre, ¿por qué yo no…?, ¿eh? Muy bien, muy bien, esperaré, sentado en la arena, que mi corazón se calme y que mi sangre fluya en ese silencio, fuente de toda creación, así lo haré…, ¡claro! Muy bien, estoy seguro, ¡bueno!…, ahora sí. Así será. Gracias, Madre, muchas gracias. Y si las palabras no me alcanzan, ¿cómo podré decírselo a Cristy? Porque usted lo sabe, serán momentos muy tristes para mí y para ella también. Además, se lo repito: ¿de dónde sacaré las palabras?, ¿qué hago, madre?, dígamelo por favor… Sí, sí, muy bien, que loco soy, ¡claro está!, me atengo a lo que me indique el silencio. Lo entiendo, Madre, ese será mi castigo; ya debí haberlo pensado a tiempo. Gracias, Madre, gracias… Amén.

....

He vuelto, sí..., he vuelto porque yo soy él, también él vino y cortando una rosa, con un suspiro en el alma, le dijo: Si mi amor, tu nombre será Soledad y nadie, nunca, apagará nuestro fuego. Sí. ¡Santo Dios...! Sí, ¡El pájaro negro! ¡Ah...! ¡Ja,ja...! Es el colmo..., el pobre pájaro, bueno, ya voló, no era más que una historia de creencias y supersticiones. ¡Ja,ja!, voló, se fue ciego y con sangre en el ojo. Y es que así deberían terminar todos estos asuntos: en el basurero del olvido.

....

No, no, Cristy, ella no era mi abuelita, ¡no!; pero, ¿por qué tengo que decírtelo...? Está bien, de todos modos nada cambiará. ¡Era..., era Dios!, ¡sí!, nada menos. ¿Por qué no? Bueno, esa es la imagen, **ella** Es. Dios no es un varón, ¿por qué habría de serlo? Lo habíamos dicho; ¿por qué patria y no matria, por ejemplo? No podemos seguir detrás de la fuerza de la costumbre. ¿Por qué crees que hay quienes nos llaman ovejas y nos tratan como si lo fuéramos de verdad? ¿Sabes por qué, Cristy? Bueno, pues porque lo somos, nos portamos como ovejitas, faltos de cerebro; siento mucho decirlo, pero así es. Hasta el cansancio lo diré: hay que pensar, hay que cuestionarse todas las cosas, una a una, si no queremos ser esclavos, ya no solo de los otros, sino de nosotros mismos. Sí, ella, la diosa, me dio un poco de su luz, aunque solo fuera para que pudiera soltar las amarras que aún me ataban. No, no te equivoques, Cristy, puedes, quizá, recorrer el universo, pero si no te has liberado mentalmente estás frita, estás inválida. Lo hemos hablado mil veces, si no te liberas, si vas tras el pastor, entonces te esquilmarán una y otra vez, habrá siempre un perro tras de ti, éste te señalará el camino. Así de sencillo, serás guiada hasta la muerte. No, no, talvez no me hayas entendido, los cambios solo se llevan a cabo en nuestra mente, no vas a cambiar al mundo nunca, ¡por supuesto que no!; las trampas las hemos construido nosotros mismos, nos hemos programado al son del último tango, o quizá de acuerdo con la última revelación del profeta que hace poco todavía era carpintero y no ganaba tanta plata. Tienes que saber que esas paredes solo nosotros podremos tumbarlas, son basura. Pero bueno; la Biblia dice que el número de tontos en el mundo es infinito; para ser sincero no sé si se refería a otros animales y no a nosotros; entonces, como dice alguien por allí: al final, tú decides.

Confesión última.

__Cristy, esto que voy a decirte hoy, aquí, ha estado dando vueltas en mi conciencia hace ya mucho tiempo. Tú lo sabes, Cristy, todo lo que comienza, excepto la vida, tiene su final. Sobre ello tendremos que hablar, será un camino difícil y tortuoso, pero debemos recorrerlo. Hemos de recordar aquel día en que allá, junto al río, por la orilla del camino, encontré una flor, y esa eres... Espera, por favor, espera..., no puedo..., no... No puedes imaginarte lo difícil que es para mí decírtelo, es como matar el amor. ¿Habrá crimen peor? Pero bien..., encontré en la flor que eres, la fragancia que llenó mi alma y la delicia de tus pétalos se apoderó de mí. No pude evitarlo ni lo pensé, Cristy. Te separé sin compasión de tus raíces. Desde allí, Cristy, has acompañado mi silencio; fue criminal aquel hecho, lo sé, pero debes entender que mi soledad era ya irresistible, no podía más. A partir de aquello fuiste creciendo, poco a poco, fuiste llenando mi vida; nacieron tus ojos, tu boca y tus labios de miel, tu cabello rubio, todo lo tuyo y también tu nombre: "Cristy". Nació el amor entre nosotros y doña Soledad descansó. Porque he de decírtelo, Cristy, hay otros misterios, en esta historia que no serán revelados, no son importantes, quizá, sino para mí.

__Y el señor D, allí sobre su diván cama, alisado por el tiempo, abrió de nueva cuenta, el libro Escritos 2, de Jacques Lacan y allí entre las páginas 724 y725, disecada, estaba Cristy, la flor, entonces, leyó con acento entrecortado: "Estas observaciones no están fuera de propósito, pues incumben al soliloquio de la bella alma" y unas lágrimas de amor coronaron aquel momento.

__Debes perdonarme, Cristy, le dijo, y recordar que algún día, en el futuro, nos encontraremos. Piénsalo, cuestiónate todas las cosas, porque cada una de ellas es un espejo de algo más profundo, son manifestaciones de la inteligencia infinita.

__!No!, Cristy, no te enterraré, ¡no!__ dijo el señor D, ya con un rinconcito del alma, __más bien, te lanzaré al viento, con las hojas secas o ya muertas, por este camino solo. Podrás cantarle a la noche o amar a la lluvia de tus recuerdos __le dijo, sosteniéndose el corazón__ no importa; y a mí, me verás llorando tu ausencia o, quizá, recogiendo tu canto. Gracias por todo, Cristy. ¡Hasta luego!

SOBRE EL AUTOR

"Conocí por muchos años a un hombre, tal vez, más valiente y fuerte que el común de los hombres, con la luz de una llama como única compañía que casi siempre se convertía en un fuego que quemaba y que lo movilizaba a buscar una cura.

Después de muchos años de permanecer oculto, más de lo que cualquier persona desearía, brotó un libro de sus entrañas. Se puede decir que es una autopsicobiografía y también una obra literaria de altura. Entre las dudas, dolor y aventuras, simulando una locura, logró trascender su estrecha realidad, viajar más allá de su espacio vital y crear una historia, su propio proceso expiatorio."

Julia López, Psiquiatra

Asdrúbal López Rodríguez (1939-   ) Nació en una zona selvática y montañosa, en Arenal, Costa Rica. Creció con su madre y su padre, pero en realidad aprendió a vivir con toda clase de animales y a manejarse entre la selva y los ríos. Cruzó la escuela primaria en un pueblecito, lejos de su familia; después, de los catorce a los diez y nueve años, vino a vivir prácticamente en soledad, cuando digo soledad, es que solo los finales de semana, y no siempre, podía ver algún otro ser humano. Entonces, a los diecinueve se fue, y después de andar por varios países llegó a Guatemala, donde por obra quién sabe de qué, consiguió trabajar en una finca lechera, muy grande, hasta que se vio de repente trabajando como técnico en inseminación artificial. Esto mismo hizo que tuviera que seguir entendiéndose con los animales, y eso lo hace reír. Todo el tiempo, eso si, todo el tiempo leía cuanto papel llevara letras encima; quería aprender sin siquiera saber qué. Cuatro años después pasó a Honduras, donde se casó. En los años setentas, volvió a Costa Rica, obtuvo el bachillerato en ciencias y letras y asistió a clases en la Universidad de Costa Rica, donde hizo estudios de

Economía, sin culminarlos. Allí mismo sus seis hijos se hicieron profesionales, todos. Después de trabajar otros años en Honduras, otra vez a Costa Rica, y de nuevo a la Universidad, está vez a la escuela de Filología, año: dos mil dos y los siguientes, dos o tres más. Dice que él nació invertido, pues trabajó y vivió primero y por último ha estudiado. Pero en realidad se considera autodidacta, toda su vida a tratado de aprender.

En lo personal, creé que el conocimiento no se reduce a un asunto de vocabulario, porque hay experiencias que todavía no tienen explicación, que no pueden ser llevadas a una expresión lingüística. Y sí, creé en el determinismo, pero solo como una cajita blanca que puede ser rota por quien quiera, en eso consiste la iluminación, que todo lo trasciende, en salirse de ese encierro; y allí es donde el conocimiento deja de ser asunto solo de vocabulario.

www.ingramcontent.com/pod-product-compliance
Lightning Source LLC
Chambersburg PA
CBHW070355290526
45790CB00004B/1497